KB198627

조선 사람들의
수학 공부

조선 사람들의
수학 공부

초판 1쇄 인쇄 2024년 11월 18일
초판 1쇄 발행 2024년 12월 2일

—

기 획 한국국학진흥원
지은이 장혜원
펴낸이 이방원

책임편집 배근호   **책임디자인** 박혜옥
마케팅 최성수·김 준   **경영지원** 이병은

—

펴낸곳 세창출판사
신고번호 제1990–000013호   주소 03736 서울특별시 서대문구 경기대로 58 경기빌딩 602호
전화 02-723-8660   팩스 02-720-4579   이메일 edit@sechangpub.co.kr   홈페이지 http://www.sechangpub.co.kr
블로그 blog.naver.com/scpc1992   페이스북 fb.me/Sechangofficial   인스타그램 @sechang_official

—

ISBN   979-11-6684-383-9   94910
        979-11-6684-164-4   (세트)

ⓒ 한국국학진흥원 인문융합본부, 문화체육관광부

이 책의 한국어판 저작권은 한국국학진흥원과 문화체육관광부에 있습니다. 신저작권법에 의해 보호받는 저작물이므로 무단 전재와 복제를 금합니다.

한국국학진흥원 전통생활사총서 40

조선 사람들의
수학 공부

장혜원 지음
한국국학진흥원 기획

세창출판사

책머리에

한국국학진흥원에서는 2022년부터 문화체육관광부의 지원으로 전통생활사총서 사업을 기획하였다. 매년 생활사 전문 연구진 20명을 섭외하여 총서를 간행하기로 했다. 지난해에 20종의 총서를 처음으로 선보였다. 전통시대의 생활문화를 대중에널리 알리기 위한 여정은 계속되어 올해도 20권의 총서를 발간하였다.

한국국학진흥원은 국내에서 가장 많은 약 65만 점에 이르는 민간기록물을 소장하고 있는 기관이다. 대표적인 민간기록물로 일기와 고문서가 있다. 일기는 당시 사람들의 일상을 세밀하게 이해할 수 있는 생활사의 핵심 자료이고, 고문서는 당시 사람들의 경제 활동이나 공동체 운영 등 사회경제상을 이해할 수 있는 자료이다.

한국의 역사는 '조선왕조실록'이나 '승정원일기'와 같이 세계적으로 자랑할 만한 국가기록물의 존재로 인해 중앙을 중심으로 이해되어 왔다. 반면 민간의 일상생활에 대한 이해나 연구는 관심을 덜 받았다. 다행히 한국국학진흥원은 일찍부터 민간에 소장되어 소실 위기에 처한 자료들을 수집하고 보존처리를 통해 관리해 왔다. 또한 이들 자료를 번역하고 연구하여 대중에 공개했다. 이러한 민간기록물을 활용하고 일반에 기여할 수 있는 방법으로 '전통시대 생활상'을 대중서로 집필하여 생생하게 재현하여 전달하고자 했다. 일반인이 쉽게 읽을 수 있는 교양학술총서를 간행한 이유이다.

총서 간행을 위해 일찍부터 생활사의 세부 주제를 발굴하는 전문가 자문회의를 개최하고, 전통시대 한국의 생활문화를 가장 잘 구현할 수 있는 핵심 키워드를 선정하였다. 전통생활사 분류는 인간의 생활을 규정하는 기본 분류인 정치, 경제, 사회, 문화로 지정하였다. 이를 기반으로 매년 각 분야에서 핵심적인 키워드를 선정하여 집필 주제를 정했다. 이번 총서의 키워드는 정치는 '과거 준비와 풍광', 경제는 '국가경제와 민생', 사회는 '소외된 사람들의 삶', 문화는 '교육과 전승'이다.

각 분야마다 5명의 집필진을 해당 어젠다의 전공자로 구성하였다. 어디서나 간단히 들고 다니며 쉽게 읽을 수 있도록 최대한 이야기체 형식으로 서술해 달라고 부탁하였다. 다양한 사례의 풍부한 제시와 전문연구자의 시각이 담겨 있어 전문성도 담보할 수 있는 것이 본 총서의 매력이다.

전문적인 서술로 대중을 만족시키기는 매우 어렵다. 원고

의뢰 이후 5월과 8월에는 각 분야의 전공자를 토론자로 초청하여 2차례의 포럼을 진행하였다. 11월에는 완성된 초고를 바탕으로 1박 2일에 걸친 대규모 학술대회를 개최하였다. 포럼과 학술대회를 바탕으로 원고의 방향과 내용을 점검하는 시간을 가졌다. 원고 수합 이후에는 각 책마다 전문가 3인의 심사의견을 받았다. 2024년에는 출판사를 선정하여 수차례의 교정과 교열을 진행했다. 책이 나오기까지 꼬박 2년의 기간이었다. 짧다면 짧은 기간이다. 그러나 2년의 응축된 시간 동안 꾸준히 검토 과정을 거쳤고, 토론과 교정을 통해 원고의 완성도를 높이기 위해 분주히 노력했다.

전통생활사총서는 국내에서 간행하는 생활사총서로는 가장 방대한 규모이다. 국내에서 전통생활사를 연구하는 학자 대부분을 포함하였다. 2023년도 한 해의 관계자만 연인원 132명에 달하는 명실공히 국내 최대 규모의 생활사 프로젝트이다.

1990년대 이후 폭발적으로 증가했던 일상생활사와 미시사 연구에 대한 학계의 관심이 근래에는 소홀해진 상황이다. 본 총서의 발간이 생활사 연구에 활력을 불어넣는 계기가 되기를 기대한다. 연구의 활성화는 연구자의 양적 증가로 이어지고, 연구의 질적 향상 또한 이끌 것이다. 그렇게 된다면 전통문화에 대한 대중들의 관심 역시 증가할 것으로 기대한다.

본 총서는 한국국학진흥원의 연구 역량을 집적하고 이를 대중에게 소개하기 위해 기획된 대표적인 사업의 하나이다. 참여한 연구자의 대다수가 전통시대 전공자이며 앞으로 수년간 지속적인 간행을 준비하고 있다. 올해에도 20명의 새로운 집필자가 각 어젠다를 중심으로 집필에 들어갔고, 내년에 또 20권의 책이 간행될 예정이다. 앞으로 계획된 총서만 100권에 달하며, 여건이 허락되는 한 지속할 예정이다.

대규모 생활사총서 사업을 지원해 준 문화체육관광부에 감사하며, 본 기획이 가능하게 된 것은 한국국학진흥원에 자료를 기탁해 준 분들 덕분이다. 다시 감사드린다. 아울러 총서 간행에 참여한 집필자, 토론자, 자문위원 등 연구자분들께도 감사인사를 전한다. 책의 편집을 책임진 세창출판사에도 감사드린다. 이 모든 과정은 한국국학진흥원 여러 구성원의 노력이 있었기에 가능했다.

2024년 11월
한국국학진흥원 인문융합본부

차례

들어가는 말

피타고라스, 데카르트, 가우스, … 학창 시절 한 번쯤 들어보았을 만한 수학자 이름이다. 그렇다면, 경선징, 홍정하, 이상혁은 어떤가? 우리에게 익숙한 이름 짓기 방식에 따른 우리 식의 이름 석 자인데도 누굴까 하는 생각이 들 것이다. 우리만의 전통 수학이 있었는지, 우리가 배우는 수학은 그 근원을 어디에 두고 있는지 등등 수학사, 특히 우리의 전통 수학에 대한 관심이 매우 빈약하다는 의견에 큰 이의가 없을 것이다.

우리의 찬란한 문화유산을 통해 그 생성 원리로서 전통 수학의 단편적 사례들을 접한 바 있지만, 구체적인 내용에 대해서는 대중에게 별로 알려진 바가 없다. 이를 파악하려면 옛 선조 수학자들이 집필한 수학책을 공부해야 한다. 조선의 수학책은 다수 소실되었지만 현존하는 수학책과 그 밖의 기록을 통해 수학책의 저자와 당시 수학 공부 내용, 그리고 수학을 공부하는 분위기를 추론할 수 있다. 이 책에서는 남아 있는 17세기 이후 수학책에 근거하여 우리 선조들의 수학 공부를 살펴볼 것이다. 수학 연구를 이끈 두 주역은 중인 산원과 수학 공부를 실천

한 사대부이다. 이렇게 단언하는 이유는 남아 있는 조선 수학책의 저자들이기 때문이다. 그들의 수학 공부는 정부 관리인 중인 산원으로서 나랏일을 하기 위해 필요한 실용 수학과 사대부의 수학적 탐구 자체를 목적으로 한 주제 중심의 이론 탐구로 구분된다. 한편 전통 생활사를 파악하기 위해서는 일반 백성들에게 친숙하고 필요했던 수학이 어떤 것인지 아는 것 역시 중요하다. 아울러 그러한 모든 사태의 제도적인 기반을 형성하는 국가 차원의 배려는 무엇일까 궁금하다. 그래서 책의 구성을 조선 사람들을 대표하여 수학 공부의 주체에 따라 일반 백성, 중인 산원, 사대부, 임금의 수학 공부로 구분하였다.

첫째, 우리 생활 속에는 수학적 원리가 면면히 스며 있고 수학 없이 생활하는 것은 상상하기 어렵다. 일반 백성이 수학 공부를 정식으로 하기는 어려웠겠지만, 삶 속에 자연스레 내재한 수학적 활동을 추측해 볼 수 있다. 산대를 이용하여 수를 쓰고 읽기, 가감승제의 기본 계산법, 길이와 들이와 무게를 재는 도량형, 경제 활동을 위한 화폐 사용, 방위 개념 등을 다룰 것이다.

둘째, 삼국시대부터 존재하던 산학박사 등의 직책은 나랏일 중 수학 관련 업무를 담당하는 관리직에 해당한다. 조선 중기에 들어서면서 이러한 관리에 대한 국가적 수요는 더욱 증가하였고, 바로 호조에 속한 산원이다. 중인 산원은 직업적인 전문 수학자로서 주어진 업무와 관련한 계산 수행이 일상화되어 정해져 있었다. 복잡한 수학적 주제에 대한 이론적 탐구보다는 업무 수행을 위해 특정 계산을 반복적으로 하는 역량이 발달하게 되었다. 따라서 산원을 배출한 중인 집안에서는 산원이 되기 위한 시험인 산학 취재 준비용 수학과 취재 합격 후 산원 업무 수행에 필요한 수학을 중심으로 공부했을 것이다. 그러나 사대부와 공동 연구를 통해 수학적 이론을 체계화하는 업적을 이룬 중인 수학자의 수학적 성취도 눈에 띈다.

셋째, 조선 사대부의 수학 공부는 수학 관련 나랏일을 처리해야 했던 중인 산원의 실용 수학 중심의 수학 공부와 달리 현실 문제에서 멀어져 갔고, 탐구 방식은 자신의 관심사에 따라 여러 가지 양상으로 나타났다. 박율朴繘은 당시 계산의 핵심인 천원술에만 초점을 맞춘 반면, 황윤석黃胤錫은 박학다식한 백과사전적 집필 중 하나로서 방대한 수학을 수집하여 집대성하였다. 남병길南秉吉은 기존의 해법이나 원리를 쉽게 설명하기 위해 그림을 이용했고, 최석정崔錫鼎은 유학의 근본인 주역과 수학을 연계하여 수학적 관점에서는 가장 이상하지만, 가장 특이한 신비주의적 수론이라는 결과를 남겼다. 서양 수학의 수용 이후 홍대용洪大容과 같은 실학자들의 수학 산출물, 한편 실용 문제보다 논리적 접근에 집중한 조태구趙泰耉의 업적 역시 주목할 만하다.

전통적인 수학 공부 경향이던 실생활의 필요를 위주로 한 수학 공부와 달리 다양한 관점에서 이론적 측면의 수학 발달을 꾀하였다는 점에서 사대부의 수학 공부는 조선 수학사에 지대한 영향을 미쳤다고 평가된다.

넷째, 오늘날 교육 정책이 국가 정책에 따라 크게 좌우되는 현상은 조선시대에도 마찬가지였다. 나라의 기본을 세우는 데 수학이 필요함을 파악한 대표적 임금이 세종이고, 조선왕조실록에는 임금이 수학 공부를 하고, 수학교육 장려책을 고민하며, 수학 관리의 역할을 부여함과 동시에 수학 관리의 부재를 염려하고, 수학 공부를 위한 유학생을 선발하고, 수학책을 간행하여 보급하는 등의 기사가 다수 실려 있다. 세종 대에 과학과 문명의 찬란한 꽃을 피운 것이 결코 우연이 아니다. 기초 학문인 수학을 향한 관심과 장려가 그러한 발달을 가능하게 했기에 우리는 세종의 수학적 열정에 대해 알고자 한다.

요컨대, 이 책에서 다루는 수학 공부의 주체는 생활에 필요한 수와 계산술, 도량형 등을 알아야 했던 일반 백성, 전문적인 직업 수학자인 중인 산원, 앎의 한 유형으로 수학을 포함한 사대부, 수학 공부가 국가의 기틀이라고 생각한 임금이다. 우리에게 익숙하지 않은 우리의 전통 수학에 대한 짤막한 개관을 위해 1장을 할애할 것이다. 이어 수학 공부의 네 주체 각각의 수학 공부 이야기를 2, 3, 4, 5장에 담는다. 가능한 한 수학 공부의 주체들이 남긴 수학책과 관련 내용이 기록된 책자나 실록 등에 기반하여 수학 공부 양상을 추론하고자 하였다. 다만 백성 스스로는 기록을 남기지 않았지만, 생활 속에서 일반 백성들이 어떠한 수학을 어떻게 배우고 어디에 사용했는지 등은 사료와 더불어 추론해낼 수 있었다. 백성들이 살아가는 데 어떠한 수학이 필요했는지 명시적으로 설명된 사료가 있을 것이라고 기대하기는 어렵지만, 수학책의 문제 상황 속에 구현된 수학적 지식 중 적어도 이런 내용은 누구나 알아야 했다고 보이는 내용을 추려서 다루었다. 사람이 살아가는 일이 고금을 막론하고 유사해 보이므로 현존하는 수학책과 수학사 연구를 통해 파악된 일상에서의 수학을 중심으로 백성들의 수학 이야기부터 시작하고자 한다. 마지막으로 6장에서는 우리 수학이 중국 수학에서 비롯되었지만, 조선의 수학자들이 독창적으로 보여 준 수학적 사고에 대해 음미하고, 더불어 수학사에서 유럽 중심의 수학관에서 벗어나 포괄적인 수학관 형성의 필요성을 피력하면서 책을 마무리 짓고자 한다.

1

조선 수학
대강의 이야기

산학의 역사

수학은 인류의 역사와 함께 발전해 왔다. 기원전 1800년경의 메소포타미아 문명의 점토판에서 수학적 기록이 발견되었고, 고대 중국 신화에는 황제가 신하 예수隸首에게 산술을 만들게 했다고 전해진다. 복희와 여와가 들고 있는 곡자와 컴퍼스, 우왕의 치수 시절 황하강에서 나온 거북 등껍질에 새겨진 하도와 낙서 등 수학과 관련된 활동은 이후 발달한 인류의 문명과 함께 공존해 왔다.

숫자 없는 일상생활이 가능할까? 상상하기 힘들다. 내 생활을 비추어보면, 아침 7시에 일어나서 5분간 간단히 심신 체조

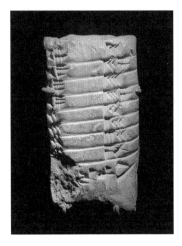

그림 1 메소포타미아 점토판의 5단 구구표, 사진 장혜원

를 하고 200㎖ 우유와 함께 아침을 해결하고 집을 나서 1,500원의 요금을 내고 시속 50㎞/h의 속력으로 달리는 버스를 타서 학교에 도착하여 2교시 수업 준비를 하고 있다. 오늘날만큼은 아닐지라도 수數가 인간의 생활을 표현하는 필수적인 도구였음은 과거에도 마찬가지였을 것이다. 문자가 없었다면 수를 어떻게 나타냈을까? 손쉽게 이용할 수 있는 도구를 이용하는 방법을 강구했을 것이다. 이를테면 나무나 벽, 바위 등에 빗금을 그어 나타내거나 새끼줄로 매듭을 묶어 나타내기도 했다. 중국의 『양서梁書』「동이열전東夷列傳」에 "문자가 없으므로 나무에 금을 새겨 신표로 삼는다"라는 기록은 당시 수를 나타내기 위해 금 긋기 방법이 이용되었음을 알려 주고 있다. 한편 『주역周易』「계

사전繫辭傳」에 기록 문자 이전의 시대에는 결승結繩부터 시작하였다고 되어 있는데, 이는 매듭을 지어 문자를 대신하는 방법으로서 우리나라에서도 수를 나타내기 위해 널리 이용된 방법으로 알려져 있다. 특히 서민층에서 가장 보편적인 방법이었고, 20세기 초만 하더라도 농촌지방에서 사용되었던 도구이다.[2]

우리나라 수학에 대한 역사적 기록은 삼국시대로 거슬러 올라간다. 당시 수학은 산학算學이라 칭했다. 서양의 수학이 고대 그리스의 유클리드 『원론Elements』에 기원을 둔다면, 그에 대응하는 동양 수학의 기원은 고대 중국의 『구장산술九章算術』이다. 그 이전에도 수학의 기원에 해당하는 사료가 있지만, 훗날 수학 문명에 미친 영향력의 크기를 가늠할 때 이 두 개를 기원으로 보는 것이 일반적이다. 우리나라의 수학도 『구장산술』의 영향 하에 있었다. 『구장산술』은 『삼국사기三國史記』에 나오는 신라 산학제도의 수업 교재였다. 그리고 전해지지 않아 정확한 내용은 알 수 없지만, 중국의 산경십서算經十書 중 하나로, 매우 어렵다고 알려진 『철술綴術』과 같은 교재도 포함되었다. 이렇듯 어려운 수학 지식을 기반으로 한 삼국시대의 수학은 생각보다 다양하게 사용되었을 것으로 추측된다. 예를 들어, 고구려 고분의 별자리, 삼국의 첨성대와 참성단, 천문 관측 기록은 당시 역법이 상당히 정교했음을 알려 주며, 이는 당시의 건축물과 함께 상당히 발전된 수리적 사고가 있어야만 가능했다.

우리는 통일신라 시대의 불국사나 석굴암을 통해 당시 사람들의 수학에 대한 이해가 상당한 수준임을 알 수 있다. 이외에도 다수의 수학적 흔적이 남아 있는데, 예를 들면 귀족들의 연회에서 사용한 놀이용 주사위 목제주령구木製酒令具이다. 이름에서 알 수 있듯이 술놀이 벌칙을 정하는 나무로 만든 이 주사위는 그 위에 적힌 다양한 벌칙이 흥미를 끌기도 하지만, 수학적 관점에서는 정육각형 8개와 정사각형 6개가 이루는 준정다면체라는 점이 놀랍다. 공정한 놀이 도구를 만들려면 모양이 다른 14개 면이 나올 가능성을 같게 하기 위해 정교한 수학적 계산이 필요하기 때문이다.

이후 고려의 수학은 산학제도만 보아도 통일신라와 조선의 연결고리 역할을 하고 있음을 알 수 있다. 산학박사와 조교 각 1인을 두어 산학을 가르치는 방식이 통일신라부터 그대로 계승되었다. 이후 문종 대와 인종 대를 거치면서 산학제도가 정비되고 전문화되어 갔다. 『고려사高麗史』에 나오는 몇 가지 기록을 주목해 보면, 산학 업무의 연결고리도 확인할 수 있다. 이를테면 조선의 산원 이상혁(3, 4장 참고)의 가문인 합천 이씨 첨사공파는 고려 시대의 정3품 동궁관東宮官으로 태자를 교육하는 역할을 담당하였다.[3]

산학은 십학十學 중 하나였고, 수학 업무를 처리하는 관리가 되기 위해서는 명산과 시험을 치러야 했다. 시험은 이틀간 치르는데, '구장'을 비롯한 네 과목에서 모두 통과해야 하고 수학책을 몽땅 암기해야 통과할 수 있는 방식의 시험이었다. 이렇게 시험에 통과하면 중앙정부의 여러 관서에 배치되어 수학 관련 업무를 보았고, 산원의 수는 산사 50명, 계사 8-9명으로 구성되었다.[4]

조선 전기에는 사대부의 교양인 육예六藝에 산학이 포함되어 사대부의 교양으로서 산학 공부가 이루어졌다. 태조 대에는 양반의 자제들에게 경사經史, 병서兵書, 율문律文, 사어射御와 함께 산수를 가르쳤는데, 교실은 상명지당詳明之堂이고, 교사는 호조戶曹 소속의 산학박사算學博士이다. 특히 세종 대 산학교육은 호조를 중심으로 산법교정소算法校正所, 역산소曆算所, 습산국習算局 등에서 이루어졌고, 이후 『경국대전經國大典』에 명문화될 정도로 체계화되었다.[5]

안타깝게도 이와 같은 조선 전기 사대부의 교양으로서의 산학 공부는 조선 후기로 이어지지 못하였다. 산원에 대한 처우가 격하되고 과학기술에 대한 인식이 바뀌어, 사대부의 기피 현상과 함께 산학은 단지 술수이고 산학 전문가 집단에 맡겨야 한다는 풍조가 형성되었기 때문이다. 이로 인해 산학 공부를 좋아하지만 뭔가 해서는 안 되는 것을 하는 듯 구실을 붙여 수학 공부를 하는 사대부와 직업 전문가로서 산학을 공부하고 가르치고 업무를 보는 산원, 이 두 그룹의 산학 공부 방식은 구분된다. 17세기 이후 이들이 집필한 산학서가 일부 남아 있어 사료에 근거하여 조선 사람들이 공부하는 특성을 알 수 있는 시기이다. 이에 본문에서 이 시기를 중심으로 수학 공부 이야기를 펼치고자 한다.

이후 조선 말 나라 밖 요인에 의한 근대화 과정에서 조선은 서양 교육제도를 도입해야 했고 여기에는 수학교육도 서양식으로 변모하는 과정을 겪게 된다. 전통 수학과 별개로 서양 수학을 도입하여 교육하는 과정에서 고종의 특사로 헤이그에 파견되었던 이상설이 1897년에 쓴 『수리數理』를 시작으로 다수의 수학책이 본격적으로 발간되고 교재로 활용된다. 당시 수학교육 내용은 전통 산학과 서양 수학의 양극단 사이의 어느 지점에 위치하였고, 점점 서양 수학에 가까워져서 우리가 오늘날 배우는 수학과 같은 모양을 갖추기까지 점진적으로 변화되었다. 그러나 내용 수준에서는 조선 말기에 이룬 높은 수준의 전통 수학과 달리 초등수준의 일반인 대상 기본 교육이었다. 개화기의 신수학과 전통 수학의 혼재는 수학 내용뿐만 아니라 책의 외형에서도 나타났다. 한자로 세로쓰기 형식의 조선 수학책에서 탈

피하여 순 한글로 가로쓰기를 채택한 최초의 수학책『산술신편
(1902)』이 발간되면서 겉모습 역시 현대적 수학교육의 형태로 변
화해 가고 있었다.

중국 수학의 영향

우리의 전통 수학을 이해하기 위해 중국의 수학사를 훑어
볼 필요가 있다. 한자 문화권이라는 지역적 특성에서 중국의 영
향 하에 학문적 연구가 이루어졌던 당시 상황을 고려할 때 수학
도 예외는 아니었기 때문이다. 그러나 공통점으로 묶이는 큰 범
주 안에서도 중국과 조선의 수학을 구별하는 특성을 발견할 수
있다.

고대 문명 중 하나인 황하 문명을 기반으로 한 중국 문명은
그 시기를 기원전 3천 년 이전으로 간주하며, 이 문명권의 수학
은『구장산술』이 으뜸이다. 정확한 저작 연대는 알 수 없지만
다루는 문제 상황에서 춘추전국시대, 진, 전한 중기까지의 시대
상이 배경을 이루는 것으로 보아, 여러 저자에 의해 집필된 것
이 대략 기원전 3세기도 되기 전에 이미 집대성되어 존재한 것
으로 간주된다.[6]『구장산술』은 이후 한자 문화권의 수학 발달에

절대적인 영향을 미쳤다. 고대의 서양 수학이 기원전 3세기 경에 유클리드의 『원론』으로 집대성되고 이후 수학 발달에 큰 영향을 미친 것과 유사성을 띤다. 1983년 후베이성에 위치한 전한 옛 묘에서 출토된 『산수서算數書』와 같이 『구장산술』보다 먼저 작성되었다고 추측되는 수학 유물들이 발굴되고는 있지만, 조선 후기까지 나타나는 『구장산술』의 자취를 볼 때 동양 전통 수학의 뿌리가 『구장산술』에 있다고 해도 과언이 아니다. 『구장산술』은 내용상 수학을 방전方田, 속미粟米, 쇠분衰分,[7] 소광少廣, 상공商功, 균수均輸, 영뉵盈朒, 방정方程, 구고句股의 아홉 개 주제로 구성하고, 형식상 문제-답-풀이의 방식으로 전개한다. 각각의 주제는 방전의 평면도형의 넓이와 분수 계산법, 속미, 쇠분, 균수의 다양한 난이도의 비례산법, 소광의 제곱근과 세제곱근, 상공의 입체도형의 부피, 영뉵의 남고 모자라는 두 양의 계산법, 방정의 연립방정식의 해법, 구고의 직각삼각형 계산법이다. 이 주제 전체 또는 일부에 대한 탐구가 전통 중국 수학의 역사라 할 수 있다.

중국 수학에서 『구장산술』의 영향 하에 이어진 수학 발달 과정에는 몇 개의 변곡점이 나타나는데, 그 첫 번째가 3세기 위나라의 유휘와 7세기 당나라의 이순풍이 『구장산술』을 풀어 설명한 주해본이라 할 수 있다. 중국 수학사에서 『구장산술』이 토대를 이루는 데 유휘의 공이 크다. 원주율을 소수 일곱째 자리까지 정확하게 계산할 정도의 수학적 통찰력을 지닌 유휘는 『구장산술』을 탐구하고 설명하여 이후 수학 발달의 새로운 문을 연 인물이다. 물론 『구장산술』에 포함된 수학적 내용 지식 자체의 위대함도 주목할 필요가 있다. 제8장 방정은 우리가 아는 연립방정식에서 각 방정식의 계수를 행렬로 배열한 다음 행렬 계산을 통해 해를 구하는 것을 말한다. 오늘날 방정식이라는 수학용어의 어원에 해당하는 중요한 주제이며, 서양 수학의 가우스Gauss, C. F(1777-1855)-조르단Jordan, W.(1842-1899) 소거법과 일치한다. 동양의 기원전 3세기와 서양의 19세기의 시간 격차가 동양 수학의 탁월함을 예시해 준다. 한편 제9장 구고는 오늘날 피타고라스 정리로 널리 알려진 직각삼각형의 성질을 다루며, 이는 고대 문명권 곳곳에서 공통적으로 나타나는 기하 성질이다.

두 번째는 11-13세기 송나라에서 원나라까지 민간 수학자들의 연구가 중국 수학의 수준을 차원이 다른 수준으로 높인 것이다. 이 시기의 중국 수학의 수준은 서양 수학보다 훨씬 앞서 있었다. 한 사례가 가헌賈憲(1010-1070)의 삼각형과 파스칼Pascal, B.(1623-1662) 삼각형이다.

이 삼각형의 수 배열의 생성 원리는 위의 두 수를 더하여 합을 아래에 놓는 방식이다. 즉 셋째 행의 1과 2를 더한 3이 바로

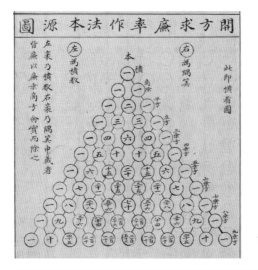
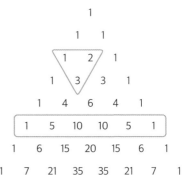

그림 2 『구일집』에 제시된 가헌의 삼각형, 서울대학교 규장각한국학연구원 소장

아래 위치한다. 또한 이 수 배열에는 여러 가지 조합론적 규칙
이 숨어 있는데, 그 하나가 다항방정식의 계수이다. 예를 들어
여섯째 행인 1, 5, 10, 10, 5, 1로부터 $(a+b)^5$의 전개식의 계수를
알 수 있다. 즉 $(a+b)^5 = a^5 + 5a^4b + 10a^3b^2 + 10a^2b^3 + 5ab^4 + b^5$이다.

증승개방법과 루피니Ruffini, P.(1765-1822)-호너Horner, W.(1786-1837)
의 방법 역시 또 다른 사례다. 『구장산술』에 제시된 제곱근과
세제곱근을 구하는 방식으로부터 일반화하여 n차방정식을 푸
는 방법인 증승개방법은 해를 큰 자리부터 어림해서 근사적으
로 찾는 방법이며 그 원리는 루피니-호너 방법과 동일하다. 오

늘날 조립제법이라 불리는 방법이다. 어림 몫을 정하고 곱하여 (승) 더하는(증) 절차를 거듭하여 그렇게 불린다.

마지막 세 번째는 17세기 중국에 유입된 서양 수학의 영향으로 인한 변화이다. 서양 문물이 동양에 유입되는 형태는 국가별로 다르다. 포르투갈이 일본에 침투한 방식은 무력인 반면, 중국에 유입된 서양 문명은 예수회 신부들에 의해 천주교 전파를 위한 것이었다. 이들은 당시 청의 황제가 과학 문명에 관심이 큰 것을 알고 과학 문물을 이용해서 환심을 사는 전략을 구사하였다. 여기에는 수학에 대한 서양 문물도 포함되었는데, 대표적인 것이 서양 기하의 틀을 지탱하는 책 유클리드의 *Elements*로, 우리가 흔히 『원론』이라 부르는 책이다. 이는 중국 전통 수학과 극명히 대비되는 방식으로 구성되어 있기 때문에 중국 학자들의 관점에서는 새롭고 놀라울 따름이었을 것이다. 그 느낌을 하나의 한자로 표현했는데, 바로 '명明'이다. 실용성 위주의 수학 전개와 달리 논리적 전개에 대한 놀라움을 그렇게 표현한 것으로 보인다.

이 책을 두 사람이 한자어로 번역하여 『기하원본幾何原本』이라는 이름을 붙였다. 번역자는 선교사 마테오 리치Matteo Ricci (1552-1610)와 명나라 후기 관료 서광계徐光啓이다. 마테오 리치는 이후 중국에 들어온 많은 선교사와 마찬가지로[8] 이마두利瑪

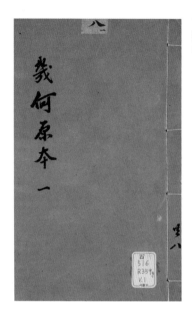

그림 3 유클리드 *Elements*의 번역본 『기하원본』, 서울대학교 규장각한국학연구원 소장

寶라는 중국식 이름을 가졌고 황제의 신임을 받고 있었다. 라틴어 교재를 한자어로 번역하는 데 용어 선정 등에서 어려움이 있을 것은 당연하다. 이마두가 구역口譯, 즉 말로 번역하고, 그것을 서광계가 필수筆受, 즉 받아 적었다고 기록한 것을 보아도 그렇다. 이와 같은 번역의 어려움은 조선의 의학 서적 번역 작업에서도 분명히 나타난다.

조선말로 그 여러 가지 과학상 술어를 번역할 수 없음을 알고 어찌할 바를 몰랐다. 그래서 우리는 이 교과서

를 번역만 할 뿐 아니라 새말을 만들지 않으면 아니 되
었다. 따라서 우리는 과학상 여러 가지 술어를 번역과
함께 새로 만들어 내기 시작하였다. 나는 부족한 조선
말을 가지고 번역하는 사람에게 그 원어의 뜻을 일러
주면 번역하는 사람은 나의 설명을 들은 후에 한문으
로 그 뜻에 맞도록 용어를 만들어 내었다.[9]

　이마두와 서광계가 공동 번역 작업을 하여 서양 수학을 중
국에 소개하는 데 결정적인 역할을 하였지만, 책의 번역에 대한
공동번역가의 속 마음에는 차이가 있었다. 이마두에게 수학책
번역은 그 자체가 목적이 아니라 천주교 선교를 위한 수단에 불
과하였다. 그러나 서광계를 비롯한 중국의 입장은 수학 자체를
알고 싶었을 것이다. 그래서 *Elements* 13권을 모두 번역하고 싶
어 했지만, 이마두는 6권까지만 번역하고 나머지 번역은 뒤로
미룬다.
　『기하원본』을 비롯하여 차근방비례借根方比例, 할원팔선割圓八
線 등이 연구되는데, 오늘날의 대수방정식 및 삼각비에 대한 것
이다. 동양에서 다루어지지 않은 삼각함수와 같은 내용은 새롭
고 천문학을 이해하고 융통하기에 매우 유용한 지식으로 수용
되었을 것이다. 이와 같이 유럽의 천문학적 지식과 기술을 이용

'기하'의 유래

오늘날 기하幾何는 도형 및 그 성질을 다루는 수학의 한 분야를 일컫는다. 해당하는 영단어는 Geometry이고, 이는 어원을 Geo+Metria에 두어 땅을 측정한다는 의미를 내포한다. 그것이 왜 중국, 한국, 일본 등 한자권 국가에서는 기하로 번역되었을까? 기하는 '몇 기幾'와 '얼마 하何'를 결합한 용어이다. 기하는 원래 중국 전통 수학 문제의 발문어發文語에 해당한다. 중국 전통 수학의 최고로 오래된 문서인 『산수서』나 이후 『구장산술』에서는 문제의 마지막 부분을 '-幾何'라고 하여 '몇인가?' 또는 '얼마인가?'라는 의미를 담고 있어, 문제에서 구하고자 하는 양을 구하도록 요구한다.

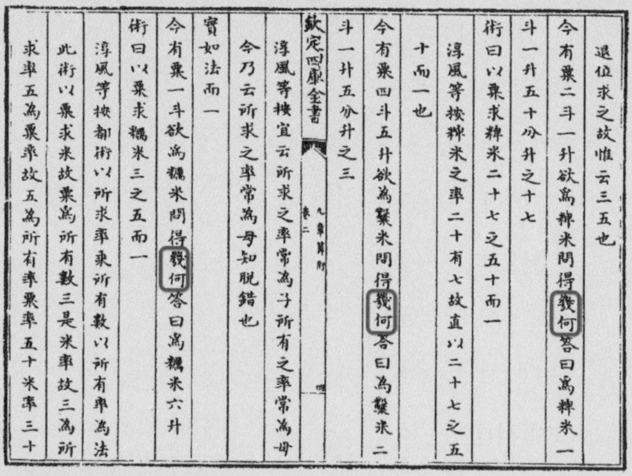
退位求之故惟云三五也
今有粟二斗一升欲爲粺米問得幾何答曰爲粺米一
斗一升五十分升之十七
術曰以粟求粺米二十七之五十而一
淳風等按粺米之率二十有七故直以二十七之五
十而一也
今有粟四斗五升欲爲糳米問得幾何答曰爲糳米二
斗一升五分升之三
欽定四庫全書　九章算術　卷二
淳風等按宜云所求之率常爲子所有之率常爲母
今乃云所求之率常爲母知脫錯也
實如法而一
今有粟一斗欲爲糲米問得幾何答曰爲糲米六升
術曰以粟求糲米三之五而一
淳風等按都術以所求率乘所有數以所有率爲法
此術以粟求米故粟爲所有數三是米率故三爲所
求率五爲粟率故五爲所有率粟率五十米率三十

그림 4 『구장산술』의 일부

이러한 중국 수학의 문장제의 발문을 위한 문형의 전통은 중국에 들어온 서양 서적의 해석본에서도 일관되게 유지된다. 중국에서 번역된 최초의 서양 수학책인 유클리드의 Elements를 번역하면서 책 이름을 『기하원본』이라고 지었고, 사실 기하는 라틴어 mathematica를 의미하여 수학 전체를 지칭하는 용어였다. 훗날 일본에서 geometira를 번역하면서 기하학이라는 용어를 채택하여 이후 기하는 수학 중 공간 탐구에 해당하는 분야를 일컫게 되었다.

해 만든 새로운 역법이 시헌력이고 이는 이전 중국 역법에서 누적된 오차를 개선해 주었다.

그러나 인간 사유의 유사성 탓인지 서양 수학과 동양 수학은 독립적으로 전개되면서도 유사한 주제를 다수 포함한다. 그 하나가 방정식 풀이로, 서양 수학의 차근방借根方과 중국 수학의 천원술天元術이다. 서양 수학이 전래된 후 이 둘이 같은지 다른지에 대해 서로 다른 수학적 관점을 취하는 것을 볼 수 있다. 청나라의 이예李銳(1773-1817)는 차근방이 천원술에서 나왔지만, 소거법이 다르다고 하여 양자가 다르다는 관점을 취하였다. 이에 반해 조선의 사대부 수학자 남병길은 양자를 같다고 보아 해법이 다르지 않다는 의미의 『무이해無異解(1855)』라는 논문 성격의 얇은 책자를 저술하기도 하였다.

조선 수학의 내용과 수준

중국의 한자 문화권에 있는 동양 수학의 특성으로는 크게
세 가지를 꼽을 수 있다. 첫째, 순수 수학보다 실용 위주의 수학
이라는 점이다. 수학 자체의 고유 문제가 아니라 실생활의 문제
를 수학으로 풀이하는 문제 상황 중심의 수학 전개가 뚜렷하다.
둘째, 기하보다 산술과 대수를 중심 내용으로 다룬다. 기하적
요소는 직각삼각형인 구고의 탐구를 제외하면 2차원 평면도형
모양의 토지 넓이를 구하거나 3차원 입체도형 모양의 토목사업
과 관련된 문제 상황에 국한되는 측정 활동이 주를 이룬다. 이
또한 실용성 위주의 수학이라는 특성으로 이해할 수 있고 서양
수학이 유입되기까지는 거의 큰 발전을 보이지 못한다. 반대로
다양한 산술적 방법과 대수적 탐구는 매우 높은 수준까지 발달
하여 고차방정식의 해법과 관련한 다양한 이론에까지 이른다.
셋째, 논리적 증명보다는 계산술에 초점을 둔다. 문제-답-풀이
의 형식을 취하는 수학책에는 풀이가 상세히 제공되지만 왜 그
런지에 대한 이유 설명이 부족하다. 물론 이를 보완하기 위해
조선 후기로 가면서 기존 수학책의 보해補解나 도해圖解 등을 저
술하기도 하지만 기본적으로 풀이에 대한 근거가 부족하다는
논리적 전개의 한계가 있다.

이와 같은 영향 아래 조선 수학에서 다루는 수학의 내용과 수준은 매우 광범위하다. 동양 수학의 기본인 『구장산술』에서 다루어지는 실용 문제 상황의 풀이로부터 중국 수학 발달의 최고점인 송·원 대의 수준 높은 수학과 조선 말 유입된 서양 수학에 이르기까지 내용과 수준에서 다양성을 보여 준다. 현존하는 산학서 중 『구일집九一集』 하나만 보더라도 그 내용과 수준의 방대함을 확인할 수 있다.

『구일집』의 첫째 문제는 쌀이 575섬 9말 있는데, 1말 값 5푼

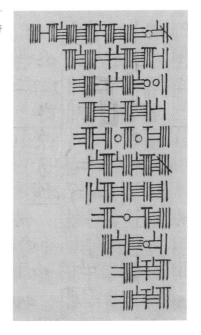

그림 5 『구일집』의 10차식, 서울대학교 규장각한국학연구원 소장

을 알려주고 쌀의 값을 구하는 문제이다. 곱셈으로 풀 수 있는 쉬운 문제이다. 반면 고난도를 상징적으로 보여 주는 문제로, 【그림 5】와 같은 산대로 배열된 방정식을 이용하여 푸는 문제가 있다. 2차원인 정사각형에서부터 10차원 입체까지 9개의 다면체와 구, 원주율을 달리하는 3개의 원, 이렇게 13개 도형의 부피와 넓이의 합과 모서리나 둘레의 관계가 조건으로 주어지고 각 길이를 구하는 문제이다. 문제의 조건도 복잡하지만, 문제를 풀기 위해 세워야 하는 이 산대 배열은 다음과 같은 10차 방정식에 해당한다. 3장에서 보겠지만, 조선 산학에서 방정식은 문자 없이 그 계수만을 배열하여 나타내었다.

$$248688x^{10}+248688x^9+4725072x^8+28101744x^7+268334352x^6$$
$$-189748944x^5+3823080624x^4+941289261x^3+4511758002x^2$$
$$+98521794912x-51995497943072=0$$

조선 말기에는 서양 수학의 영향이 절대적이었다. 대표적 수학자로 이상혁과 조희순을 들 수 있다. 이상혁李尙爀은 사대부 수학자와 공동 연구를 했던 중인 산원으로 3장과 4장에서 다룰 것인데, 사대부 남병길과 학문적 동지라는 관계 덕분에 중국을 통해 유입된 서양 수학책을 접할 수 있었고 이를 탐구하여 이해하고 정리했다. 그 결과로서『차근방몽구借根方蒙求』와 같은 책을 집필하고『산술관견算術管見』속에서 구면삼각법을 다루었으며, 책의 형식도 이론서 중심의 전개를 펼친다. 한편 제주 목사를 지낸 조희순趙羲純(1814-1890)은 서양 수학을 조선에 전파하는 데 결정적인 역할을 한 중국의 수학 전집『수리정온數理精蘊(1723)』을 면밀하게 검토하고 다른 어느 산학서에서도 심도 있게 다루지 못한 어려운 동서양의 수학적 지식을 탐구하여『산학습유算學拾遺(1867)』를 펴냈다. 이에 대한 남병길의 극찬을 책의 서문에서도 확인할 수 있다. 서양 수학으로 구면삼각법 외에 삼각함수, 수표, 삼각함수의 다항식 표현인 무한급수 등이 다루어지고 로그log가 활용되기도 한다.

2

백성들에게
필요한 수학

조선 수학 공부의 시작, 산대

    수학을 조선에서는 산학算學이라 하였다. 서민들은 책을 갖고 수학 공부를 하지는 않았을지언정 일상에서 수를 사용하고 계산하려면 기본 수학을 배워야 했다. 이때 이용한 계산 도구 중 하나가 산대이다. 산학의 '산算'자를 자세히 들여다볼 필요가 있다. 뜻은 '셈하다'이고, 우리가 초등 수학을 산술arithmetic

그림 6 算의 전서체,
위키피디아에서 전재

이라고도 하는 것에 사용된 바로 그 의미이다. 당시 算은 곧 산대를 의미한다. 수학을 산학이라고 부른 것에서 수학 공부를 위해 산대의 역할이 핵심이라는 사실을 확인할 수 있다.

이와 함께 통용되는 한자가 筭이다. 이는 같은 음을 갖고 算보다 더 오래 전에 사용되던 형태이다. 전서체는 한자의 서체 중 가장 오랜 것이므로 어원을 추론하기에 적절하다고 할 수 있다. 算의 전서체에서 보듯이 머리 부분의 대나무는 산대가 주로 대나무로 만들어진 것과 연관되고, 몸통 부분은 '가지고 논다', '다룬다'라는 의미의 희롱할 롱弄 자이다.[10] 弄의 아래 부분에 있는 두 손은 산대를 자유롭게 움직이는 모습을 연상시킨다.

오늘날 인도-아라비아 숫자를 써서 수를 나타내고 계산하듯이, 조선에서 사용된 숫자 표기 및 계산 도구가 산대이고, 산대는 단순히 기다란 막대 모양이므로 그것으로 어떻게 수를 표현하는지 방법을 알아야 한다.

일은 세로로 십은 가로로, 백은 서고 천은 넘어져 있네.
천과 십은 서로 같은 모양이고, 만과 백은 서로 바라본다.
6 이상의 숫자는 5를 나타내는 산대가 위에 있네.
6은 산대가 쌓인 것이 아니고, 5는 산대 하나가 아니네.
십이 되면 자리를 나아가고, 십이 안 되면 제자리에 나타낸다.

다만 이 비결을 정확히 이해하면 구장을 배울만하네.

　이 노래는 조선 수학책에 소개되어있는 구결口訣로, 산대 배열 방법을 가사로 담고 있다. 노래 제목은 포산결布算訣이다. 예로부터 산대를 보자기에 싸서 갖고 다니다가 계산이 필요할 때 보자기를 펼쳐 놓고 한다는 의미에서 산대로 하는 계산을 포산布算이라고 부른 데서 유래하는 노래 제목이다. 또는 산대를 종횡으로 배열하는 규칙을 담고 있기 때문에 종횡법縱橫法이라고도 했다. 즉 수를 나타내기 위한 산대 배열의 규칙을 쉽게 암기하기 위한 노래다. 이 노래의 구절이 무엇을 의미하는지는 아래에서 보겠지만, 우선 확인할 것은 맨 마지막 구절이다. 노래에 적힌 산대 놓는 비결을 이해해야 구장을 배울 자격을 갖추었다는 뜻이다. 구장은 수학책『구장산술』을 의미하며, 중국 및 조선을 비롯한 한자 문화권의 동양 수학에서 차지하는 책의 위상을 볼 때 곧 수학 자체를 말한다. 조선 수학을 공부하기 위한 출발선 상에서 산대 배열하는 방법을 알아야 하고 그러면 수학을 배울 준비가 되었다는 선언이다. 오늘날 수학 공부를 시작하는 초등학교 1학년 때 수를 세고 그것을 나타내는 인도-아라비아 숫자를 알고, 위치적 기수법에서 정하는 바대로 자릿값에 따라 숫자를 배열하여 두 자리 이상의 수를 나타내는 방법을 배우는 것과 같은 이치다. 조선 수학 공부를 위해 무엇보다 수를 나타내기 위해 산대를 배열할 줄 알아야 하므로 이 책에서도 설명하고자 한다.

산대는 전통 수학의 발달 배경에 자리한다. 오늘날 수학책은 그 내용을 잘 몰라도 수학을 다루고 있다는 사실 자체는 숫자 등의 수학적 기호로 인해 겉보기에 쉽게 파악되지만, 조선 수학책은 한자어로 기술되어 있기에 내용을 들여다보기 전에는 수학 내용인지 알기 어렵다. '今有五十六分之二十一 問約之 幾何 (지금 ᄅᆞᆯ이 있다. 약분하면 얼마인가?)'하는 식이다. 이렇듯 한자로 쓴 간단한 수 표기는 조작할 수 있기에 위험하다는 사실을 지적하고 복잡한 표기로 대체할 것을 명하는 내용이 조선왕조실록에서도 발견된다. 세종 18년(1436) 12월 21일 기사에서, 정확성이 요구되는 세금, 상거래 등의 상황에서는 '일壹·이貳·삼參·사肆·오伍·육陸·칠柒·팔捌·구玖·십拾·백佰·천仟'과 같이 조작하기 어려운 한자어를 정자로 바르게 쓰도록 하여 폐단이 없도록 한다는 대목이다. 근래에도 은행에서 종종 볼 수 있었던 한자어이고 그 이유를 위조 방지라고 들은 바 있는데, 실록에서 그 증거를 찾을 수 있다.

그러나 이러한 수 표기는 계산하기에는 매우 불편한 표기법

이다. 따라서 수학책의 문장에서 쓴 수 표기와 별개로 계산을 위한 숫자 표기가 있었고, 그 표기는 바로 산대를 이용하여 이루어졌다. 이제 산대로 하는 수 표현이 얼마나 수학적인지 잠시 살펴보자. 숫자 표기는 수 발달의 시작이고, 고대 문명권에서 독자적인 수학 발달의 자취로 남겨진 것 중 하나가 수 표기법이다. 오늘날 세 개의 숫자로 쓸 수 있는 999를 나타내기 위해 이집트의 수 표기법을 이용한다면 아래 그림과 같이 1을 상징하는 |, 10을 상징하는 ∩, 100을 상징하는 ♀을 각각 9개씩 사용하여 무려 27개의 기호를 늘어놓아야 한다.

| | | | | | | | | ∩ ∩ ∩ ∩ ∩ ∩ ∩ ∩ ∩ ♀♀♀♀♀♀♀♀♀

이와 같은 불편함을 경험하고 나면 999에서 같은 기호 9를 사용하지만, 그것이 일의 자리에 있는지, 십 또는 백의 자리에 있는지에 따라 수의 크기가 달라진다는 원리가 고마울 지경이다. 이러한 위치적 기수법의 위력이 수학의 발달을 가능하게 한 핵심 요소였을 것이다. 그런데 고대에 위치적 기수법, 그것도 오늘날과 같이 10개의 기호를 이용하는 십진위치적 기수법을 사용한 문명권이 바로 중국이다. 중국 수학의 발달을 이끈 산대가 한반도로 전해진 것은 당나라의 학제에 따라 수학을 정규 교

육과정으로 다룬 삼국시대이며, 당시 이미 널리 사용되고 있던 것으로 추측된다. 산대의 유입은 우리 전통 수학의 발달을 이끌었고, 중국은 명나라 때 주산이 산대를 대체한 것과 대조적으로 조선에서는 산대 계산을 더욱 발달시켜 중국이나 일본에서 주판이 산대를 대신하게 된 시점 이후 더 오랜 기간 지속되어 구한말까지 사용했던 것으로 확인된다. 조선 산원 홍정하와의 대담 장면(3장 참고)에서 중국 사력 하국주는 중국에 산대가 없다고 하면서 얻어 가져갔고, 17세기 중엽 효종 대에 네덜란드인 하멜이 제주도에 표류해서 당시 목격한 조선의 생활상을 담은 『하멜표류기』에서는 다음과 같이 조선인의 계산 방법을 묘사하고 있다.

그들의 수법數法은 마치 우리가 계산기로 하는 것과 같이 조그만 긴 산대를 가지고 계산한다.

또한 19세기 러시아 장교의 조선 방문기에도 산대를 계산기처럼 사용하여 노래를 불러가며 계산하는 조선인의 모습이 묘사되었다.

나의 통역을 담당하였던 조선인은 매일 아침마다 자신의 수입을 계산하였는데, 거의 언제나 흥분한 채로 냉정을 되찾을 때까지 자신의 아리아를 크게 불러 대곤 했다. 조선의 계산법은 매우 독특했다. … 계산을 쉽게 하기 위해서 막대기를 이용하기도 하였다. 조선에서 사용되는 계산법은 중국에서 들어온 것으로 그 형식이 동일했다.[11]

계산을 하기 위해 조선인 통역관이 외워 부른 아리아는 어떤 노래일까? 산대를 놓기 위한 포산결이었을까? 곱셈구구를 담은 구구합수였을까? 어떤 노래인지 알 수 없지만, 조선 수학에서는 냥수와 근수를 환산하기 위한 노래, 부정방정식을 풀기 위한 특정 수 사이의 관계를 다룬 노래 등 수와 연산 영역에서 다루는 다양한 관계를 노래로 만들어 불렀다.

오늘날 학교 수학을 위한 수학사의 활용에 대한 내용을 담고 있는 책[12]에서는 산대를 '한국의 계산 막대Korean Counting Rods' 라 칭할 만큼 중국보다 한국의 정통성이 인정되며, 조선 수학의 발달을 가능하게 한 주역이라 할 수 있다.

그림 7 산가지, 국립민속박물관 소장

산대로 나타낸 숫자는 다음과 같다.

I 1   **II** 2   **III** 3   **IIII** 4   **IIIII** 5   **丁** 6   **丁丁** 7   **丁丁丁** 8   **丁丁丁丁** 9

그림 8   산대로 나타낸 숫자

오늘날 사용하는 인도-아라비아 숫자가 의미와 무관한 상징적인 기호인데 비해, 산대 숫자는 막대의 개수가 숫자가 나타내는 수의 크기만큼을 나타내고 있어 가법적 의미를 담고 있는 기호이다. 다시 말해, 1부터 5까지는 막대의 개수가 1씩 증가하여 그 개수로 숫자가 의미하는 수의 크기를 알 수 있다. 그런데 6부터는 막대 개수가 너무 많아지니까 한눈에 파악하기가 어렵다. 그래서 5개만큼은 방향을 틀어 위에 올려놓는다. 6에서 위에 누인 막대 하나가 상징하는 5와 세운 막대 1이 있으니 6이다. 9도 마찬가지로, 위에 누인 막대인 5와 세운 막대 4를 합하여 9를 나타내는 식이다.

그림 9   산대로 6과 9를 표현하는 방법

그런데 위치적 기수법에 따라 두 자리 이상으로 수가 커지면 상황이 좀 묘하다. ⅠⅠⅠ은 어떤 수를 나타낼까? 111? 3? 막대 하나가 1을 나타내므로 111도 맞고, 3을 나타내기 위한 막대 3개인 것 같기도 하다. 두 부분으로 떼어 읽으면 21이나 12로도 읽을 수 있다. 정답부터 말하면 3이다. 수학에서 애매한 것은 용납할 수 없다. 그렇다면 111, 21, 12를 나타내기 위해서 어떤 전략을 고안해 냈을까? 1부터 9를 나타내기 위한 숫자가 한 세트 더 있다.

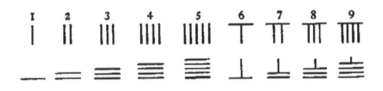

그림 10 산대로 나타낸 숫자 세트

윗줄과 아랫줄이 모두 1에서 9까지에 해당하는 숫자인데, 윗줄은 일, 백, 만, …의 자리를 위한 숫자로 서 있는 막대를 기본으로 하고, 아랫줄은 십, 천, 십만, …의 자리를 위한 숫자로 누워 있는 막대를 기본으로 한다. 1부터 9까지 막대의 개수가 증가하는 가법적 원리는 동일하지만 방향에 차이가 있는 것이다. 두 세트의 숫자를 일, 십, 백, 천의 자리마다 번갈아 놓는 것이

해결책이다. 일의 자리에는 윗줄 숫자를, 십의 자리에는 아랫
줄 숫자를, … 이런 식으로 양쪽 세트에서 숫자를 번갈아 취하
면 명확하게 나타낼 수 있다. 따라서 111은 |_|, 21은 =|, 12는
_||와 같이 각 자리에 맞는 방향으로 산대를 놓아야만 한다.

산대로 계산하다

　계산에 서툴렀던 수학자들의 일화를 접하면서 수학과 계산
이 동의어가 아니라는 것쯤은 누구나 짐작할 수 있다. 그러나
일상에서 계산해야 할 일이라도 생기면 수학 관련 전공이나 업
무를 하는 사람에게로 시선이 모이는 일 또한 종종 있다. 조선
시대에는 더하고 빼고 곱하고 나누는 계산을 어떻게 했을까?
　사칙계산 역시 산대로 수를 배열하고 이리저리 옮겨서 수행
하였다. 오늘날과 똑같은 방식은 아니다. 피가수(더해지는 수)와
가수(더하는 수)를 두 줄로 쓴 다음 그 밑에 합을 쓰는 오늘날 방
식과 달리, 피가수만 배열하고 시작한다. 가수는 머릿속에만 있
다. 피가수의 큰 자리 수부터 가수를 더해 나가면서 피가수의
산대 배열이 바뀌는 것이다. 다음 배열은 35+27을 하는 산대 배
열의 변화를 보여 준다. 덧셈은 35를 놓는 것으로 시작한다. 피

가수 십의 자리 3에 가수의 십의 자리 2를 더하여 55가 된다. 이
제 일의 자리에 7만 더하면 된다. 5에 7을 더하여 10만큼을 받
아올림하여 62가 된다.

$$(35+20) \qquad (55+7)$$
$$35 \quad \Rightarrow \quad 55 \quad \Rightarrow \quad 62$$

그래서 한 줄로 계산된다는 의미에서 일격산一格算이고, 큰
자리부터 덧셈이 이루어진다. 뺄셈도 마찬가지로 큰 자리부터
계산하는 일격산이다. 산대 계산은 중간 과정이 남지 않기 때문
에 한 번 어긋나면 처음부터 다시 해야 한다는 불편함이 있다.
계산 중간에 누가 말을 시키거나 배열을 망가뜨리기라도 하면
큰일이다.

한편 곱셈과 나눗셈은 곱하거나 나누는 수의 특징에 따라
다양한 방법을 이용하곤 했지만 곱셈의 일반적인 방법은 삼격
산三格算이다. 피승수(곱해지는 수)를 1행에, 승수(곱하는 수)를 3행
에 놓고 큰 자리 수부터 곱하여 그 곱을 가운데 행에 놓아가는
방식이다. 예를 들면, 35×27은 다음과 같이 산대 배열을 변화
시켜 계산한다. 칸이 나뉘어 있는 것은 아니고 산대를 자릿값에
따라 맞추어 배열하는 것이지만 이 책에서는 이해를 돕기 위해

칸을 그어 구별하였다.

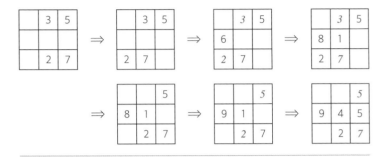

그림 11 35×27의 삼격산 예시

피승수 35를 1행에, 승수 27을 3행에 자릿수를 맞춰서 놓는
다. 승수의 일의 자리를 피승수의 맨 윗자리까지 옮긴다. 27을
35의 십의 자리에 맞추어 왼쪽으로 한 칸 옮겼다. 3과 27을 곱
하되 *3×20, 3×7*의 순으로 계산하여 자릿값에 맞춰 놓는다. 이
제 곱한 3을 지우고 27은 한 칸 오른쪽으로 이동한다. 다시 5와
27을 곱하여 자릿값에 맞춰 산대를 놓는다. 이렇게 계산하여
구한 곱이 945이다. 피승수의 자릿수만큼 이러한 절차가 반복
된다. 이때 자릿값에 따라 산대를 옮겨 놓는 원리가 핵심이다.
또한 어느 시기라도 곱셈을 하려면 곱셈구구를 외우고 있어야
한다는 사실은 불변의 법칙이다.

초등학생들이 수학 공부에서 부딪히는 첫 번째 난관으로 곱

셈구구를 들 수 있다. 수학 계산을 위해 일단 원리를 이해하고 나면 외워야 하기 때문이다. 이 구구가 처음 등장하는 것은 언제일까? 중국 신장위구르자치구 니야 유적과 간쑤성 거연 유적에서 기원전 시기의 구구단 목간의 출토 사례가 보고된 바 있지만,[13] 한반도에서의 최초 발굴은 2011년 백제 사비성 터인 충남 부여 쌍북리 일대에서 발굴된 구구단 목간이다. 길이 30.1㎝, 너비 5.5㎝, 두께 1.4㎝의 규모이다.[14] 2023년 5-7월간 국립부여박물관 특별전은 '백제 목간—나무에 쓴 백제 이야기'로 진행되었다. 나무 재료가 땅속에서 그 오랫동안 썩지 않고 보존되어 역사적 유물로 전해지는 것도 신기하지만, 우리의 관심인 곱셈구구가 적혀 있기 때문에 살펴볼 만하다. 적외선에 의해 적힌 내용을 판독하였는데, 목간의 구구 2개는 맨눈으로도 읽어 낼 수 있다. 세로로 쓰인 三四十二와 四：十六이다.

그렇다면 목간에는 곱셈구구가 어떻게 적혀 있을까? 곱셈구구는 1단부터 9단까지 각 단에 9개의 수 구구가 있으므로 81개의 곱셈식으로 구성된다. 그러나 곱셈의 교환법칙으로 인해 *6×4*를 알면 *4×6*은 외울 필요가 없다. 전체 81개 중 반만 알면 되고, 9단부터 기록되어 있다.

곱셈구구는 산술 계산에 기본이므로 조선 수학책에서도 다수 발견된다. 예를 들어 『구수략九數略』, 『묵사집산법默思集筭法』,

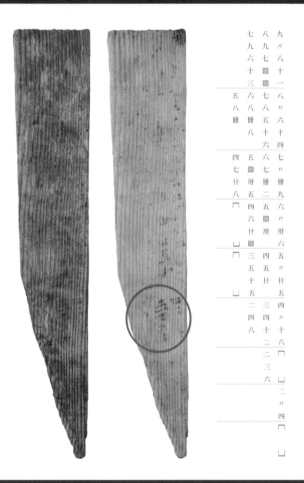

九九八十一
八九七十二
七九六十三
六九五十四
五九卌五
四九卅六
三九卄七
二九十八

八八六十四
七八五十六
六八卌八
五八卌
四八卅二
三八卄四
二八十六

七七卌九
六七卌二
五七卅五
四七卄八
三七卄一
二七十四

六六卅六
五六卅
四六卄四
三六十八
二六十二

五五卄五
四五卄
三五十五
二五十

四四十六
三四十二
二四八

三三九
二三六

二二四

그림 12 백제 쌍북리 구구단 목간, 부여문화재연구소 제공

그림 13 『묵사집산법』의 구구합수, 한국학중앙연구원 장서각 제공

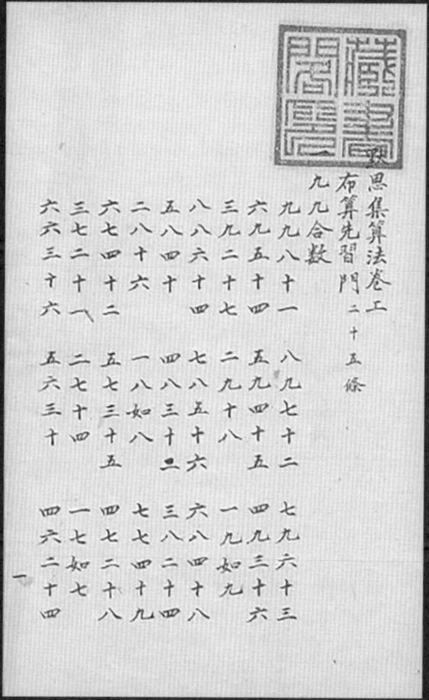

藏書閣印

默思集算法卷上

布算先習門 二十五條

九九合數

九九八十一 八九七十二 七九六十三
六九五十四 五九四十五 四九三十六
三九二十七 二九十八 一九如九
八八六十四 七八五十六 六八四十八
五八四十 四八三十二 三八二十四
二八十六 一八如八 七七四十九
六七四十二 五七三十五 四七二十八
三七二十一 二七十四 一七如七
六六三十六 五六三十 四六二十四

그림 14 『산학입문』의 구구합수, 국립중앙도서관 소장

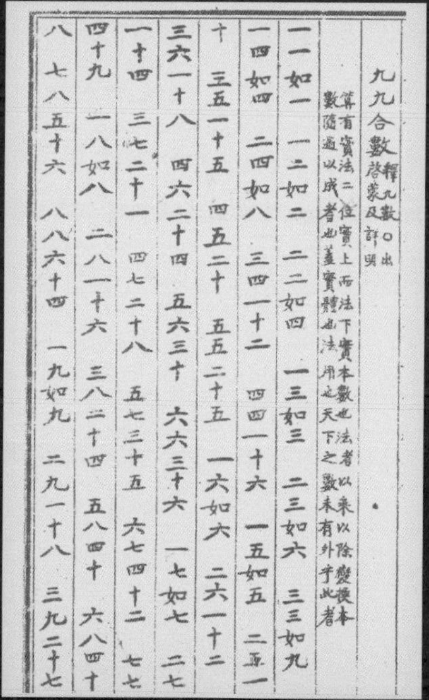

九九合數 釋九數 出啓蒙及詳明

算有實法二位實上而法下實本數也法者以乘以除變換本數隨過以成者也蓋實體也法用也天下之數未有外乎此者

一一如一 一二如二 二二如四 一三如三 二三如六 三三如九
一四如四 二四如八 三四一十二 四四一十六 一五如五 二五一
十 三五一十五 四五二十 五五二十五 一六如六 二六一十二
三六一十八 四六二十四 五六三十 六六三十六 一七如七 二七
一十四 三七二十一 四七二十八 五七三十五 六七四十二 七七
四十九 一八如八 二八一十六 三八二十四 五八四十 六八四十
八 七八五十六 八八六十四 一九如九 二九一十八 三九二十七

『산학입문算學入門』 등에 포함된 구구합수九九合數이다.

『묵사집산법』과 『산학입문』에 제시된 구구합수가 공통적으로 취한 것은 곱셈의 교환법칙을 알고 있어서 중복하여 제시하지 않는다는 것이다. 예를 들어, 8단은 8×8로 시작한다. 8×9는 9×8에서 이미 다루었기 때문이다. 한편 양자의 차이도 발견되는데, 단의 순서이다. 『묵사집산법』은 9단부터, 『산학입문』은 1단부터이다. 한漢대의 죽간에서도 보듯이 고대의 구구합수는 9단부터, 13세기 송宋대 이후 순서가 바뀌어 1단부터 시작하는 방식을 취한다. 이에 대해, 『묵사집산법』이 저술된 시기가 전통 수학 대부분이 망각될 뻔한 상태였기 때문에 산학을 부활시키고 옛 전통을 되찾겠다는 저자 경선징의 사명감과 의지를 드러낸 것으로 설명된다.[15] 경선징은 구구합수 말고도 이차방정식의 풀이에서 개방술이 아니라 전통적 방법인 고법古法을 이용한 것을 볼 때 이러한 설명은 타당한 것으로 보인다.

이에 비해 최석정의 『구수략』은 "곱셈과 나눗셈에서 뛰어난 것은 곱셈구구에 달려 있다"면서 사칙연산에 곱셈구구의 중요성을 강조하고, 곱셈구구 81개를 그림과 같이 모두 제시하였다. 더욱이 이와 동일한 구조인데 표현만 산대로 한 그림도 함께 제시되어 있다. 최석정은 수가 하도낙서에서 비롯되었고, 특히 9는 낙서의 수라고 인식하여 곱셈구구를 가로 곱하기 세로

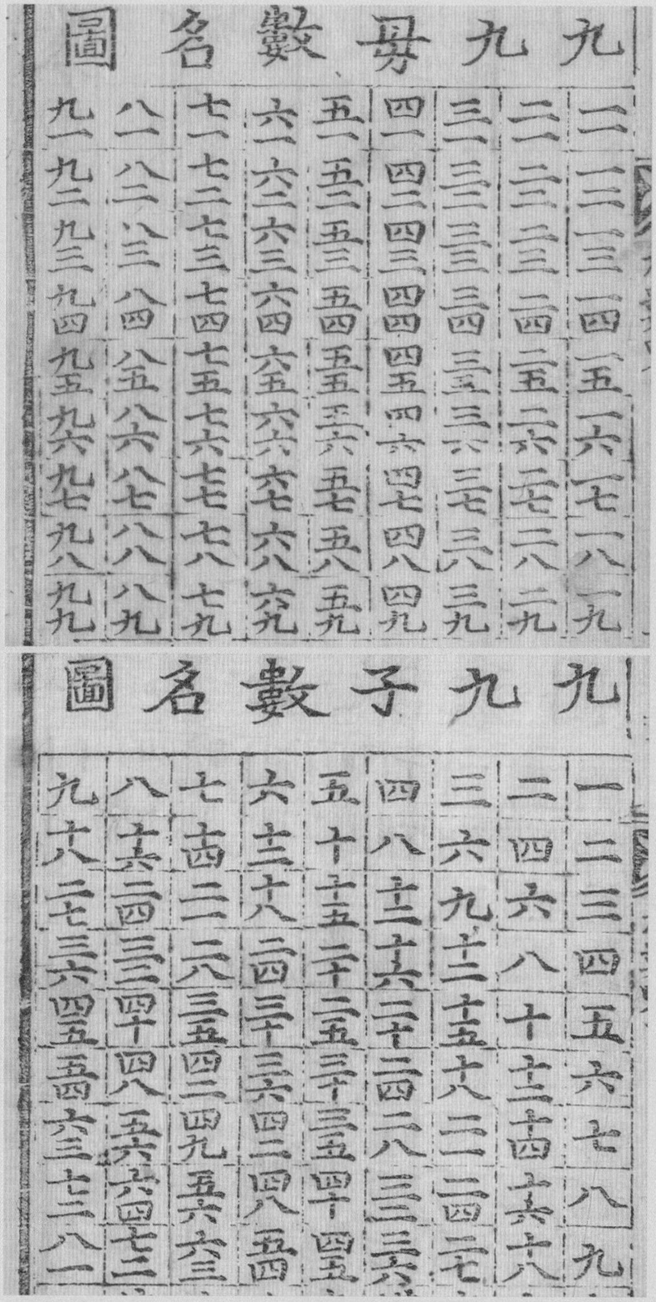

九九冪數名圖

九九子數名圖

그림 15 『구수략』의 구구표, 서울대학교 규장각한국학연구원 소장

9×9 형태의 81개를 제시한 것으로 볼 수 있다. 3장에서 보겠지만, 『구수략』 집필의 배경에 해당하는 『주역』을 상기시켜 준다.

덧셈, 뺄셈, 곱셈, 나눗셈을 위해 산대로 수를 배열하고 산대를 이리저리 옮겨가며 계산하고, 방정식의 해를 구하기 위해서도 식을 산대로 배열한 다음 해를 구하는 계산술에 따라 산대를 옮겨서 해를 구하는 등 산대는 전통 수학의 계산기에 해당한다.

그러나 산대 계산만 있던 것은 아니다. 『구수략』 부록에는 세 가지 계산 도구가 언급된다. 산대 대신 붓으로 써서 계산하는 방법인 문산文算과 산대를 틀로 고정시켰다고 생각하면 이해가 쉬운 주판을 사용한 주산珠算, 그리고 계산 막대를 이용한 주산籌算이다.

문산의 곱셈은 포지금鋪地錦이라고도 일컫는 계산법으로, 유럽, 인도, 페르시아, 아라비아에서도 사용된 겔로시아gelosia 곱셈과 동일하다. 436×62=27,032를 문산으로 한 계산은 【그림 16】과 같다. 한자어를 사용한 수 표기가 계산하기에 불편한 것은 자릿값을 위치로 나타내지 못하고 자릿값을 병행하여 나타내야 하기 때문이다. 포지금은 계산하기에 수월한 산대가 아닌 한자어로 썼지만, 최석정의 말대로 간편한 계산 방법이다. 자릿값을 각 칸이, 그리고 칸의 대각선이 구별해 주기 때문이다.

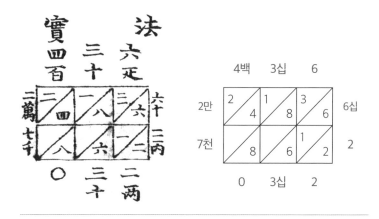

그림 16 『구수략』의 포지금, 서울대학교 규장각한국학연구원 소장

피승수의 자릿수 3만큼 가로 칸, 승수의 자릿수 2만큼 세로 칸으로 표를 만든다. 둘레로 곱하는 두 수를 칸마다 써주고, 각 칸에 대각선을 긋는다. 각 칸의 가로와 세로에 있는 수를 곱하여 대각선으로 나뉜 두 부분에 십의 자리와 일의 자리를 분리하여 쓴다. 예를 들어 첫 칸은 *4x6=24*이므로 대각선의 양쪽에 각각 2와 4를 쓰는 것이다. 각 칸을 다 채우고 나면 대각선을 따라 합을 쓴다. 오른쪽 아래부터 시작하여 2, 그다음 대각선을 따르면 *6+1+6=13*이므로 3만 써주고 1은 다음 대각선으로 올려서 *8+8+3+1=20*이므로 0을 써주고 또 윗자리로 2를 받아올림한다. 다음 대각선은 *4+1+2=7*이 되고 다음 대각선은 2이다. 각 대각선이 자리에 해당하여 구하는 곱은 27,032가 되는 것이다.

이 방법 역시 노래로 만들어 제시하는데, 문산구결文算口訣의 1절이다.

문산은 또 다른 계산법으로 산대를 사용하지 않는다.
종이에 사각형을 그려서 칸마다 사선을 긋는다.
위에 있는 피승수, 오른쪽에 있는 승수를 서로 불러서
곱한다.
구구법을 외워 차례대로 칸에 적는다.
왼쪽 아래의 두 면에 칸마다 더한 곱을 기록한다.

한편 주산珠算은 우리가 알고 있는 주판을 이용한 계산이다. 주산 옆에는 알에 대한 설명으로, 위의 2개는 5이고, 아래 있는 것은 1에서 5에 이른다고 하였다. 오늘날 접하는 주판에는 위에 1알만 있다. 1알만 있어도 각 자리에서 10이 되면 다음 자리로 받아올림이 있으므로 모든 수를 나타내는 데 부족함이 없지만, 원래 주판에는 위에 2알이 있어서 각 자리에서 실질적으로 15까지 표현할 수 있고, 받아올림이나 받아내림을 하기 전에 계산 결과를 임시적으로 표현할 수 있다. 주판은 산대와 동일한 구조를 지녔고, 명 대에 보자기에 싸 갖고 다니면서 펼쳐서 하는 산대의 불편함을 하나의 도구로 고정시킨 것으로 볼 수 있다. 그러나 산대의 유창한 계산력을 따라올 수는 없어서 산대가 주산으로 대체된 이후로 산학 발달은 정체되고, 중국의 산학에서 산대는 영영 자취를 감춰 청나라 사력이 조선 산원에게 산대를 얻어 가는 장면을 연출하기에 이른다(3장 홍정하의 『구일집』 참고). 이에 대해 최석정은 "이 방법을 살펴보면 산대를 내려놓는 것이 번잡하여 수를 취한다. 형세가 산대에 미치지 못하고 요원하다. 따라서 근세 중국의 관사는 모두 주산을 거리낌 없이 사용했지만 산대를 폐하는 것은 깨달음이 부족하기 때문이다"라고 평가하였다.

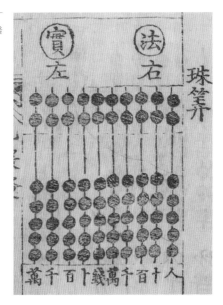

그림 17 『구수략』의 주산珠算, 서울대학교 규장각한국학연구원 소장

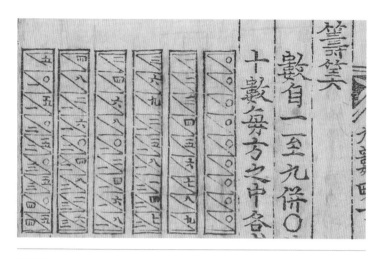

그림 18 『구수략』의 주산籌算, 서울대학교 규장각한국학연구원 소장

또 하나의 주산籌算은 서양의 네이피어 막대와 동일한 구조
를 지닌 계산 도구이다.

로그 발명가로 유명한 수학자 네이피어Napier J.(1550-1617)가
곱셈을 위해 만든 막대를 이용하여 *357×4*를 한다면 아래 그림
과 같이 3, 5, 7의 막대를 가져와서 넷째 칸을 대각선으로 읽어
내면 된다. 곱은 1,428이다.

	1	2	3	4	5	6	7	8	9
1	1	2	3	4	5	6	7	8	9
2	2	4	6	8	10	12	14	16	18
3	3	6	9	12	15	18	21	24	27
4	4	8	12	16	20	24	28	32	36
5	5	10	15	20	25	30	35	40	45
6	6	12	18	24	30	36	42	48	54
7	7	14	21	28	35	42	49	56	63
8	8	16	24	32	40	48	56	64	72
9	9	18	27	36	45	54	63	72	81

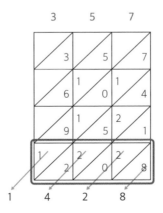

	3	5	7
	3	5	7
	16	10	14
	19	25	21
	12	20	28

1   4   2   8

그림 19 네이피어 막대, 위키피디아에서 전재

    최석정은 중국과 일본에서 사용하는 주산珠算과 서양에서
들어 온 네이피어의 주산籌算을 산대보다 못한 것으로 평가하였
다. 그러한 배경에는 『주역』에 근거하여 산학을 설명한 저자의
관점에서 산학의 도구인 산대와 『주역』의 도구인 시초와의 유
사성에 대한 고려가 있었을 것으로 추측된다.

큰 수와 작은 수를 나타내는 자릿값의 이름들

산대를 이용하여 수를 나타낼 수 있으니 이제 수를 읽어 보자. 산대를 이용한 수 표기는 십진위치적 기수법을 따르므로 각 산대에 수의 크기를 부여하는 자릿값이 있다. 999를 '구백 구십 구'라고 읽을 때 백, 십, 일이 자릿값이다. 오늘날 자릿값을 붙여 읽는 큰 수와 달리 0.123을 '영점 일이삼' 하듯이 소수는 자릿값을 붙이지 않지만, 전통 수학에서는 큰 수든 작은 수든 각 자리의 숫자에 자릿값을 붙여 명명해야 했다.

『구수략』에서는 수 명명하는 방법을 세 가지로 구분한다. 십만을 억으로 하는 하수下數, 만만을 억으로 하고 만만억을 조로 하는 중수中數, 만만을 억으로 하고 억억을 조로 하는 상수上數이다. 하수는 얕고 짧아 헤아림에 끝이 있고 반대로 상수는 넓고 커서 사용하기 불편하여 중수로 자리를 정한다고 설명하고 있다. 중수에 따른 자릿값의 이름을 나타내면 다음과 같다.

1	10	10^2	10^3	10^4	10^5	10^6	10^7	10^8	10^9	10^{10}	10^{11}	10^{12}	10^{13}	10^{14}	10^{15}	10^{16}
일	십	백	천	만	십만	백만	천만	억 (만만)	십억	백억	천억	만억	십만억	백만억	천만억	조 (만만억)

1	10^8	10^{16}	10^{24}	10^{32}	10^{40}	10^{48}	10^{56}	10^{64}	10^{72}	10^{80}	10^{88}	10^{96}	10^{104}	10^{112}	10^{120}	10^{128}
일	억	조	경	해	자	양	구	간	정	재	극	항하사	아승기	나유타	불가사의	무량수

오늘날 '일, 만, 억, 조, …'가 네 자리마다 새로운 자릿값으로 등장하는 것과 달리 '일, 억, 조, …'가 여덟 자리마다 새롭게 등장하는 자릿값 명칭이다. 일부터 억까지 일, 십, 백, 천, 만, 십만, 백만, 천만 다음인 만만이 억이다. 일억부터 다시 한 자리씩 오르며 십억, 백억, 천억, 만억, 십만억, 백만억, 천만억, 다음인 만만억이 조이다. 다시 경까지 가 보자. 일조, 십조, 백조, 천조, 만조, 십만조, 백만조, 천만조, 다음인 만만조가 경이다.

이제 소수를 명명하는 방법에 대해 알아보자.

10^{-1}	10^{-2}	10^{-3}	10^{-4}	10^{-5}	10^{-6}	10^{-7}	10^{-8}	10^{-9}	10^{-10}	10^{-11}	10^{-12}	10^{-13}	10^{-14}	10^{-15}	10^{-16}
분	리	호	사	홀	미	섬	사	천만진	백만진	십만진	만진	천진	백진	십진	진

10^{-16}	10^{-24}	10^{-32}	10^{-40}	10^{-48}	10^{-56}	10^{-64}	10^{-72}	10^{-80}	10^{-88}	10^{-96}	10^{-104}	10^{-112}	10^{-120}	10^{-128}
진	애	묘	막	모호	준순	수유	순식	탄지	찰나	육덕	허	공	청	정

소수 여덟째 자리까지는 각각의 이름이 있다. 예를 들어 옷 감의 폭이 1.23치라면 단위 '치'가 일의 자리를 일컫고 그 아래로 분, 리가 되어, 1치 2분 3리라고 읽는 것이다. 즉 소수점이 없고 각 자릿값 분, 리, 호, 사, …를 붙여 소수를 나타냈다.

여기서 잠깐! 2011년부터 학교 수학에서 사라지기는 했지만, 야구 경기에서 늘 듣고 있는 '할푼리'를 짚고 넘어가자. 1할 2푼 3리의 타율이라고 하면 한 번 칠 때 0.123의 확률로 안타를 친다는 뜻이므로 할은 기준량을 10, 푼은 100, 리는 1,000으로 했을 때의 비율을 말한다. 할푼리는 일본에서 유래한 비율의 명칭이다. 야구에서 타율을 백분율 등으로 나타내지 않고 굳이 할 푼리를 사용하는 것에 대해, 소수 세 자리 수까지 나타냄으로써 선수의 타격 능력을 보다 더 정확히 나타낼 수 있고 또한 우리나라에 야구가 들어온 시기가 일제 강점기라서 당시 사용하였던 비율의 단위가 관습적으로 쓰이게 된 것이라고 말한다.[16] 우리의 전통 자릿값 이름인 분, 리, 호, …와 분명히 구별되어야 할 필요가 있다.

'사'아래는 다시 여덟 자리마다 새로운 이름이 있어 큰 수에서 수를 읽는 것과 같은 방식으로 읽는다. 사와 진 사이에는 천만진, 백만진, 십만진, 만진, 천진, 백진, 십진이 있다. 더 작은 수인 '진'을 기준으로 보면, 십진, 백진, …, 천만진, 그 다음인 만만진이 '사'이다. 가장 작은 자릿값인 '정'부터 시작하면 일정, 십정, 백정, 천정, 만정, 십만정, 백만정, 천만정, 그 다음인 만만정이 '청'이다. 마찬가지로, '진'과 '애' 사이를 보면, 천만애, 백만애, 십만애, 만애, 천애, 백애, 십애가 자리한다.

이 자릿값만 있으면 10^{-128}부터 10^{128}자리까지 수를 모두 명명할 수 있다. 자연수 부분에 129개의 숫자가 있고, 소숫점 아래로 다시 128개의 숫자가 있는 수를 상상해 보자, 어마어마한 규모의 수 표현이 가능하다. 또한 『산학입문』에 따르면, 자릿값 이름인 작은 수의 '정'에서'탄지', 큰 수의 '항하사'에서 '무량수'까지는 불교 서적에서 비롯되었다는 점이 흥미롭다. 불교는 인도에서 유래하고 이 용어들 역시 산스크리트어에서 기원한다. 예를 들어 항하사에서 '항하'는 인도 북부의 갠지스강이고 '사'는 모래이므로 갠지스강의 모래 수만큼 많은 것을 나타낸다. 따라서 우리의 일상에서 사용할 일이 전혀 없을 것 같은 아주 작은 수와 큰 수는 모두 독특한 인도의 사유에서 기원한 것으로 볼 수 있다.

한편 자주 사용되는 분수에 대해서는 별도의 명칭이 있었다. $\frac{1}{2}$은 중반中半, $\frac{1}{3}$은 소반少半, $\frac{2}{3}$는 태반太半, $\frac{1}{4}$은 약반弱半, $\frac{3}{4}$은 강반強半이다. 농사를 그르쳤을 때 '쭉정이가 태반'이라고 하듯이 일상적으로 사용하는 대부분이라는 의미의 태반이 여기서 비롯된 것이다.

길이와 들이와 무게를 재다

도량형度量衡은 길이의 길고 짧음, 들이의 많고 적음, 무게의 가볍고 무거움을 재는 일 또는 그 단위를 말한다. 도량형의 정비는 기준을 정하는 일로, 일반 백성과 가장 긴밀한 국가 정책에 해당한다고 할 수 있다. 정약용丁若鏞(1762-1836)은 도량형을 통일하는 목적이 만물을 공평하게 다스려 크게 하나로 통일시키기 위함이라고 하였다.[17] 도량형이 통일되어야 사회, 경제 전반이 안정되고 편리함이 보장된다.

오늘날의 도량형은 세계 단위 표준화에 따라 미터법으로 통일되어 있지만, 우리나라도 2006년 이후 법정계량단위의 사용을 의무화하고 2013년에는 단속까지 하면서 도량형을 통일하려는 노력을 이어왔다. 2000년대 초 전통시장에 '단위를 사용할 때는 반드시 법정계량단위를 사용합시다'라고 쓴 현수막을 걸어서 홍보해야 할 만큼 일상에서는 전통 단위가 상용되고 있었다. 다음과 같은 단위이다.[18]

분야	비법정 단위	실거래 단위
질량	1근	소고기 600g, 포도·딸기 400g, 채소 375g
부피	1되	옥수수 750g, 들깨 450g, 팥 800g
넓이	1평	토지 3.3㎡, 유리 0.09㎡
	1마지기	경기 150평, 충청 200평, 강원 300/150평

동일 단위임에도 적용되는 품목에 따라 그 양이 달라지므로 불편함은 이루 말할 수 없었을 것이다. 법적으로는 사용이 금지되었지만, 아직도 일상생활 속에서 전통 단위에 대한 양감이 완전히 사라진 것은 아니다. 소고기 한 근, 2홉들이 소주, 25평 아파트라는 말이 종종 들린다. 심지어 전 세계적으로 도량형을 통일했음에도 불구하고 미국은 여전히 온스, 피트 등과 같은 단위를 사용한다. 오늘날 우리네 속담에도 다양한 도량형 단위가 남아 있다. '천 리 길도 한 걸음부터, 내 코가 석 자'라는 속담은 도와 관련된다. '되로 주고 말로 받는다, 구슬이 서 말이라도 꿰어야 보배, 됫글 가지고 말글로 써먹는다'라는 속담은 량에 대한 것이다. '말 한마디에 천 냥 빚을 갚는다, 장사에 두 푼 밑져도 팔아야 장사'는 형의 단위를 포함한다.

동아시아에서 처음으로 도량형이 통일된 것은 진시황 때이다. 당시에는 수레바퀴 사이의 간격을 정하여 차로에 굳이 선을 긋지 않아도 수레가 다닐 수 있는 차도를 그은 효과를 낼 수 있었다. 기원전 2세기 전한의 역사를 담은 『한서漢書』 제21권 「율력지律曆志」에서 다음과 같이 황종관을 기본 도구로 도량형을 성문화하고, 우리나라도 삼국시대부터 이 영향을 받은 것으로 알려져 있다.

도度는 분分, 치寸, 자尺, 장丈, 인引으로, 길고 짧은 바이
다. 황종의 길이를 기본으로 삼는다. 기장의 중간쯤 되
는 낱알을 황종관과 나란히 배열한 길이가 90분이다.
기장 1톨이 1분, 10분이 1치, 10치가 1자, 10자가 1장,
10장이 1인이다.

량量은 약龠, 흡合, 되升, 말斗, 곡斛으로, 양의 많고 적음
이다. 황종의 들이를 기본으로 하여 중간쯤 되는 낱알
1200톨이 들어가는 들이가 약이다. 약을 더하면 흡, 10흡
을 1되, 10되를 1말, 10말을 곡이라 한다.

형권衡權에서 형은 평평한 것, 질량이고 권은 무게다.
수銖, 냥兩, 근斤, 균鈞, 섬石이고 물건과 평형을 이루어
가볍고 무거움을 안다. 황종의 무게를 기본으로 한다.
1약龠에 채워지는 1200톨 기장의 무게를 12수로 삼고,
그 2배인 24수를 냥, 16냥을 근, 30근을 균, 4균을 섬이
라 한다.[19]

황종관은 조선 시대에도 도량형의 기준이었다. 조선 산학서
에서 다루는 도량형은 매우 다양하고 복잡하여 그 관계를 파악
하는 것이 쉽지는 않다. 현존하는 가장 오랜 산학서인『묵사집
산법』에서는 도를 장척법, 량을 두곡법, 형을 근칭법이라 일컫

는다. 도량형의 가장 작은 단위는 '홀, 속, 서'이다. 홀은 누에 입에서 나오는 실, 속은 기장 1알, 서는 기장 1알보다 큰 정도이고, 이후 단위는 4장=1필, 6속=1규 등과 같이 반드시 10배 관계는 아니지만, 더 커지는 순서로 다음과 같다.

도: 홀忽 → 사絲 → 호毫 → 리釐 → 푼分 → 치寸 → 자尺 → 장丈 → 필匹

량: 속粟 → 규圭 → 촬撮 → 초抄 → 작勺 → 홉合 → 되升 → 말斗 → 곡斛/섬石

형: 서黍 → 루絫 → 수銖 → 푼分 → 냥兩 → 근斤 → 정鋌 → 칭秤 → 균鈞 → 석碩

조선 산학서의 문제 상황에 등장하는 몇 가지 도량형과 그 관계를 정리해보면 다음과 같다.

	단위	단위 사이의 관계
길이	필(疋), 자(尺), 치(寸), 보(步)	1필=42 또는 35 또는 32자 1자=10치 1보=5자
들이	섬(石), 말(斗), 되(升), 홉(合), 작(勺)	1섬=10말=되=홉=작
무게	석(石), 칭(秤), 근(斤), 냥(兩), 전(錢), 수(銖)	1석=120근 1칭=15근 1근=16냥 1냥=10전 =24수

오늘날 사용이 금지된 이 단위들의 크기는 얼마쯤 되는 것

일까? 국가기술표준원에 따르면 미터법과 비교 환산한 양이 다음과 같다.[20]

> 길이 1자 ≒ 30.303cm
>
> 들이 1되 = 1.8L = 1800cm³
>
>   1말 = 18L = 18000cm³
>
> 무게 1근 = 600g = 0.6kg
>
>   1관 = 3750g = 3.75kg

수의 자릿값처럼 1자=10치와 같은 10배 관계가 도량형에서도 종종 성립하였다. 대체로 길이와 들이는 단위가 10배씩 증가하는 반면에 무게는 일정하지 않다. 실제로 무게와 관련된 산학서 문제를 풀 때 단위 환산 계산이 복잡해지는 경우가 많고, 따라서 국가의 재정문제를 다룰 때에도 많은 어려움을 초래했을 것이다. 무게 단위인 근과 냥의 관계 1근=16냥은 자주 이용되었는데, 10배 관계가 아니기 때문에 냥을 근으로 고치기 위해 16으로 나눈 결과를 알아야 하므로 냥 수를 16으로 나눈 결과를 노래로 만들어 외워서 이용하곤 했다. '근하유법斤下留法'과 '냥수작근송兩數作斤頌'이다. 노래가 두 가지인 것은 1-15냥을 근 수로 환산할 때의 결과인 소수와 100, 200, …, 1,000냥처럼 큰 냥 수를 근 수로 환산하기 위해 16으로 나눈 몫과 나머지의 두 가지 경우를 구별해서 노래에 담았기 때문이다.

예를 들어, 근하유법은 근이 못 되는 냥의 수를 소수로 나타낸 것이다. $14 \div 16 = 0.875$이므로 14냥은 0.875근이다. 1냥의 경우에는 $10 \div 16 = 0.625$ (6분 2리 5호)를 이용하여 한 자리 물려서 1냥=6리 2호 5사(0.0625)이고, 8냥은 반 근이라서 간단히 5분이라고 설명한다.

몇백 냥을 환산하는 것이 냥수작근송이다. 200냥을 근으로 나타낼 때, $200 \div 16 = 12.5$인데 소수 몫인 12근 5분이 아니라 $200 \div 16 = 12 \cdots 8$에서 몫 12와 나머지 8을 이용하여 12근 8냥으로 말한 것이다. 이를 암기하기 위해 1208과 같은 방식으로 외웠다. 몇백냥을 16으로 나누어 그 결과를 네 자리 수로 표현하였고, 앞의 두 자리는 몫, 뒤의 두 자리는 나머지를 나타내는 것이다. 예를 들어 800냥은 16으로 나누면 몫 50으로 나누어떨어지므로 노래에는 5000으로 표현되었다.

정약용은 이에 대해 논한 바 있다. 16냥을 1근이라 한 것은 옛날에 사상四象, 팔괘八卦의 가배법加倍法[21]이 수학의 근본이 되었기 때문인데, 이는 통일되지 않은 탓에 불편함을 야기하므로 모든 도량형 단위를 10배씩 증가하는 체계로 바꾸자고 제안하였다.[22]

그럼 넓이의 단위는 무엇일까? 길이가 1차원, 넓이가 2차원임을 고려하면, 오늘날처럼 길이 ㎝에 대한 단위 넓이는 ㎠가 맞다. 그런데 『구일집』의 다음 문제에서 보듯이 당시 단위의 차수는 고려되지 않은 것이 확인된다.

정사각형의 넓이가 2,048보이면 한 변은 얼마인가?
정육면체의 부피가 3,380자이다. 한 모서리는 얼마인가?

즉 '보'와 '자'는 길이의 단위이므로 넓이는 '제곱보','제곱자', 부피는 '세제곱보', '세제곱자'가 되어야 하지만 모두 그냥 '보'나 '자'로 사용한 것이다. 한편 넓이 단위로 사용된 무畝라는 단위가 있었고, 그 크기는 1무=240(제곱)보이므로 큰 넓이 단위에 해당한다.

길이의 단위는 우리의 언어적 표현에도 남아 있다. '지척지간咫尺之間'이 그중 하나이다. 지咫는 8치寸이고 척尺은 10치寸이다. 2치만큼 차이가 나는 '지'와 '척' 같이 매우 가까운 거리를 지칭하는 말이다. 이외에도 지척이라는 단어가 포함된 사자성어는 지척불변咫尺不辨, 천위지척天威咫尺, 지척지서咫尺之書, 지척천리咫尺千里 등이 있고 모두 매우 가까운 거리라는 의미가 포함된다. 또 속담 '삼척동자도 다 안다'[23]에서 삼척동자는 1m도 안 되는 어린아이, 즉 이치를 판단하는 능력이 부족한 아이를 비유적으로 일컫는 표현이므로, 누구나 다 아는 일을 말한다.

단위량이 절대적이지 않고 시대와 지역에 따라 달리 사용되었다. 같은 단위 척(尺, 자)을 사용해도 양감이 다른 것은 시대에 따라 그 크기가 다를 뿐만 아니라 같은 시대에조차 용도에 따라 기준이 달랐기 때문이다. 예를 들어, 고구려는 길이 측정시 기준이 35.51㎝였고 신라는 주척周尺인 20.45㎝를 1자로 사용했으며 고려 시대에는 19.42㎝를 기준으로 하는 고려척을 정하여 사용했다.[24] 조선에서는 황종척, 주척, 당척, 예기척, 당척, 영조척 등으로 명칭도 달리 정하였다. 1자가 황종척은 34.72㎝, 주척은 21㎝, 영조척은 31㎝, 포백척은 46.8㎝ 등으로 달랐다. 자마다 용도가 정해져 있어, 이를테면 옷감을 잴 때는 포백척을 이용하였다.

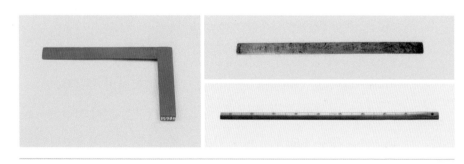

그림 20 시대별 척, 국립민속박물관 소장

과학 문명의 발달이 돋보였던 세종 때는 기리고차記里鼓車라는 거리 측정 기구도 있었다. 이름에서 추측할 수 있듯이 거리에 따라 북을 울려 거리를 기록하는 차이다. 만드는 방법이나 작동 원리는 홍대용洪大容(1731-1783)의 『주해수용籌解需用』에서 알 수 있다.

> 리수를 기록하는 데는 차를 이용하면 된다. … 이것은 모두 앞에서 말한 바 있는 척도로서 10자를 차 바퀴의 둘레로 하고 아래 바퀴가 한 바퀴 도는 데 120자를 얻는다. 가운데 바퀴가 한 바퀴 도는 데는 1,800자이며 위 바퀴가 한 바퀴 도는 데는 18,000자이다. 따라서 위 바퀴가 한 바퀴 돌면 가운데 바퀴가 10바퀴, 아래 바퀴는 150번 돌게 된다. … 위 바퀴가 한 번 돌아 차가 10리를 가면 북에서 가는 소리가 난다. 따라서 사람은 차 위에 있어서 종과 북의 소리를 듣고 그 리수를 기록한다.

이 거리 재는 차에는 세 종류의 바퀴가 있다. 크기가 다른 상, 중, 하의 세 바퀴가 맞물려 돌면서 각각 한 바퀴 도는 데 상은 18,000자, 중은 1,800자, 하는 120자를 가므로 윗 바퀴가 한 바퀴 돌 때 가운데 바퀴는 $\frac{18000}{180}$=10바퀴, 아랫 바퀴는 $\frac{18000}{120}$=150바퀴 돌게 된다. 이때마다 북소리가 울리게 설계되어 있어 18,000자, 즉 10리마다 기록을 할 수 있다.

조선 시대 들이量 역시 길이와 마찬가지로 표준 도구를 정비하는 데 황종관을 이용하였다. 국가에서 척량尺量의 제도는 모두 황종척의 수를 기준으로 하였기 때문이다.[25] 이러한 단위 표준화를 위한 중앙 정부의 노력의 일환으로 세금을 거두는 용기를 만들 때 용기에 낙인을 찍어 각 고을에 분배하였다. 그러나 세금을 더 거두기 위해 단위 표준화를 무력화하는 여러 꼼수가 성행하였다. 되, 말의 용기 위로 솟은 부분인 고봉高捧을 깎아내리지 않고 그냥 거두는 것이 그 하나이다. 이 양이 대략 용기의 30%에 달한다고 하니 백성은 그만큼의 세금을 착취당하는 부조리가 있던 것이다.

이를 방지하기 위해 각 고을에 측정 용기를 분배하는 과정에서 용기 관리를 철저히 하려는 노력이 있었다. 고봉을 깎아내리기 위한 밀대를 되나 말 용기와 함께 세트로 제공하거나 아예 용기를 만들 때부터 그 모양을 직육면체가 아닌 옆면을 사다리꼴 모양으로 해서 만드는 것이다. 위 입구 쪽을 좁게 만들면 고봉을 쌓더라도 쌓이는 양이 될 수 있으면 적도록 할 수 있기 때문이다.

그림 21 되(아래) 및 말밀대(위), 국립민속박물관 소장

들이 측정 용기

【그림 21】에서 큰 두 개의 상자형 용기와 긴 원기둥 모양의 밀대를 볼 수 있다. 그리도 그 두 개의 모양이 약간 다르다. 왼쪽의 것은 똑바로 올린 직육면체 모양이고, 오른쪽 것은 윗부분의 입이 작도록 만든 사각뿔대 모양인 것을 확인할 수 있다.

그런데 이렇듯 대책을 마련한 국가의 의지가 지방 관리들에게 고스란히 전해지지는 않았던 것 같다. 고을의 수령 중에는 도량형 업무를 담당하는 감독관인 관찰사의 눈을 피해 측정 용기의 크기를 제멋대로 만든다든지, 낙인이 보이지 않는 임의의 도구를 사용한다든지, 밑바닥을 파낸다든지, 위에 쌓인 고봉을 깎지 않는 방법 등으로 세금을 더 거두어들여 불법적으로 이득을 취하려는 관리가 있었다. 이 경우에는 곤장 60대에 유배 1년의 형벌을 내리기도 하였다.[26] 관련 일화가 실록에 소개되기도 하는데, 성종 10년(1479) 1월 15일 기사를 보면 도량형이 국가의 중요한 일임을 명시하고 도량형을 조작하여 비리를 범한 관리의 죄에 대해 논하고 있다.

한편 백성들에게는 세금을 낼 때 할당된 세금에 모미耗米까지 추가되는 것이 부담스러웠을 것이다. 『산학입문』에는 여분을 준비하여 양곡의 양이 줄어드는 것에 대비하는 것을 모미라고 하였다. 즉 곡식은 시간이 지날수록 말라서 양이 줄어들 것이고 이에 대비하여 확보한 여분의 곡식을 말하는 것이다. 이는 산학서의 문제 상황으로도 다루어진다.

> 쌀이 98,765섬 있다. 쌀 한 섬마다 모미를 1말 5되씩 더하면, 쌀과 모미는 합하여 얼마인가?
>
> - 『구일집』

조세로 내야 할 쌀이 2874섬 5말 2되 있는데, 4섬 7말마다 모미를 2말 4되 2홉씩 함께 납부한다. 모미는 얼마인가?

-『묵사집산법』

『구일집』문제에서는 1섬에 1말 5되, 즉 15%를 더하여 세금을 거두었으니, 100섬이 부과된 세금이라면 115섬을 마련해야 했다. 그런데『묵사집산법』문제는 쌀 1섬에 약 5되 정도를 더하도록 하므로 모미의 비율이 5%이다. 모미는 시대마다 지역마다 그 비율이 달랐다는 것을 보여 주며, 모미의 비율이 클수록 백성들은 더 많은 세금을 내야 하는 어려운 상황에 처할 수밖에 없었다.

무게의 단위도 들이와 마찬가지로 황종관을 가득 채운 기장의 무게를 기준으로 삼았다. 무게의 측정 도구 역시 정확함을 추구하는 방식으로 발전하여, 막대 저울로부터 양팔 저울로 변화한다.『산학입문』의 도량형 그림(【그림 22】)에 제시된 막대 저울에는 형(衡), 준(準), 권(權)이 적혀 있다. 근, 냥, 전 등의 눈금을 새긴 저울대가 형, 끈으로 추와 접시를 매단 것이 준, 저울추가 권이다. 막대 저울의 사용법은 저울대의 한쪽에 물체를, 다른 쪽에 추를 달아 이리저리 움직여서 평형을 이룰 때 눈금을 읽어 내는 것이다. 이때 물건의 무게는 막대가 평형을 이룰 때 저울추의 무게와 기준점으로부터 저울추까지의 거리의 곱에 의해

결정된다. 그런데 평형이란 것이 애매하여 부정확한 측정값을 얻을 수 있고 추를 적당히 이용해서 무게를 속이는 행위도 가능하였을 것이다. 이러한 단점을 피하기 위해 양팔 저울을 사용하게 된다.

양팔 저울을 소개한 『주해수용』에는 "저울을 낮추거나 올리거나 추를 밀거나 당길 수 없으므로 간악한 사람들이 재주를 부려 속일 수가 없다"라고 하여 막대 저울 사용 시 평형을 맞추기 어려운 상황에서 추를 조작하였을 우려를 말해 주고 있다. 상대

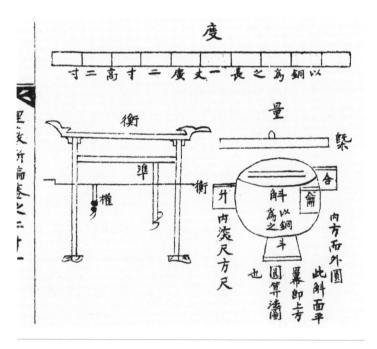

그림 22 『산학입문』의 도량형, 국립중앙도서관 소장

적으로 양팔 저울은 "저울 위에 바늘이 설치되어 있는데 바늘이 직선과 합치되는 것을 표준으로 한다"라고 하면서 측정의 정확도가 높아진 이유를 설명하였다.

도량형의 역사는 도량형을 정확히 하는 과정이다. 1902년에는 조선조 궁내부에 평식원平式院을 두어 도량형 업무를 관장하고 도량형 규칙을 제정하여 법제화하였다. 1905년에는 대한제국 법률 제1호로 도량형법이 공포되어 시행되었다. 【그림 23】서 보듯이 제1조에 도량의 기본단위는 척, 형의 기본단위는 냥

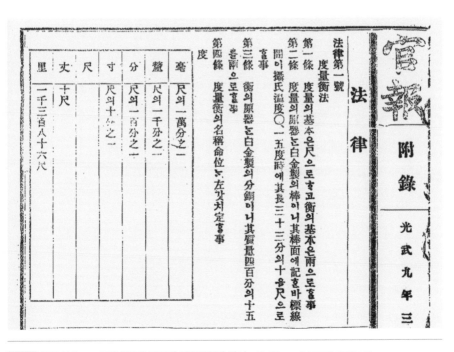

으로 한다고 선언하고 있다. 이로부터 광복 이후 미터법이 국가적 차원에서 사용되기 이전에도[27] 도량형의 국가표준 확립을 위한 노력이 있었음을 확인할 수 있다.

조선 사람들이 사용한 화폐

우리나라에서 규격화한 화폐를 주조하고 유통하려는 시도는 고려 시대부터 있었다. 이전까지는 물물교환 방식의 상거래가 이루어졌고, 실제로 화폐가 통용된 이후에도 실용 가치를 지닌 물품화폐에 밀려나기 일쑤였다. 화폐는 상징적 의미로서 약속과 신뢰에 의해서만 그 가치가 인정되고 공유되었기 때문이다. 백성들에게는 눈앞에 보이는 실물의 가치가 가상의 상징적 가치보다 더 선호되었을 것이다. 화폐의 역할을 할 만큼의 가치가 인정된 물건이 어떤 것인지, 사용된 화폐가 어떤 종류가 있었는지도 산학서를 통해 확인할 수 있다.

『묵사집산법』의 문제 상황에서 파악되는 화폐로는 물품화폐, 저화(지폐), 주화(동전)가 있다. 물품화폐의 대표적인 것이 일상의 필수품 또는 지역의 특산물이다. 필수품으로는 우리의 주식인 쌀과 같은 곡식이 있다. 『구장산술』의 9개 주제 중 둘째가

속미粟米이다. 속은 찧지 않은 낱알을, 미는 껍질을 벗긴 곡식을 말한다. 현미에서 백미에 이르기까지 여러 곡식의 교환 비율을 다루며 그에 따른 비례 관계의 문제를 다루는 장이다. 결국 곡식의 도정 상태에 따른 가치를 나타내며, 속의 비율을 50으로 할 때 다른 곡물의 비율을 '속미지법粟米之法'이라 일컫는다. 예를 들어 어미御米가 21이라면 속미 50과 어미 21을 교환하는 것이므로 어미 100만큼이 필요하면 $100:x=21:50$에서 약 238만큼의 속미가 있어야 한다.

화폐 단위로는 관貫과 문文이 있었다. 1관=1000문, 1냥=100문의 관계로부터 1관=10냥이다. 문은 작은 액수의 단위이다. 이 단위와 관련하여 해학적인 비유 표현을 즐겨 사용한 연암 박지원朴趾源(1737-1805)의 글이 흥미롭다.

다리 하나가 부러진 새끼 까치가 있었는데 절뚝거리는 모습이 우스웠다. 밥알을 던져주었더니 점점 길들어져 날마다 찾아와 서로 친해졌다. 드디어 그 새를 놀려대기까지 했다. '맹상군孟嘗君은 전혀 없고 평원군平原君의 식객만 있구나.'[28]

맹상군이나 평원군이나 둘 다 전국시대 사군자였고, 수천

명의 식객을 거느렸다고 한다. 근데 맹상군의 이름이 문文이다. 즉 맹상군의 이름인 문과 화폐 단위 문을 연관지어 맹상군으로 돈을 비유한 것이다. 한편 평원군의 이웃집에는 다리를 저는 이웃이 있었다고 하여 다리 부러진 까치로 이를 비유한 것이다. 연암은 다리 저는 새끼 까치를 보고 두 사군자의 이름과 상황을 직관적으로 떠올려 돈은 없고 다리 저는 까치만이 친구로 있는 처지를 표현해낸 것이니, 그 통찰력과 재치가 남다르다.

『산학입문』은 화폐간 환전 비율을 보여 준다. 전율錢率이 그것이다. 중국 진, 당, 한, 송, 원 대의 화폐 가치를 장황하게 설명한다. 동전과 지폐에 대한 설명도 있다. 화폐 단위는 '관, 냥, 전, 문'의 순이고, 이하는 소수 표기법에 따라 분, 리 등으로 표현하면 된다. 순서에 따라 $\frac{1}{10}$배이다. 즉 1관이 10냥, 1냥이 10전, 1전이 10문이다. 우리나라에서 상용되는 동전으로 상평통보(대전)와 조선통보(소전)를 소개하는데, 무게가 대전은 2전 5분, 소전은 6분 2리 반이다. 소수로 나타내면 대전 2.5는 소전 0.625의 4배로, 대전이 소전의 4배 가치이다. 그래서 전율 설명에서 조선통보인 소전은 400문을 냥이라고 하였다. 100문이 냥인데, 소전으로는 그 4배인 400문이어야 냥의 가치가 된다.

그림 24 상평통보당오전, 국립익산박물관 소장

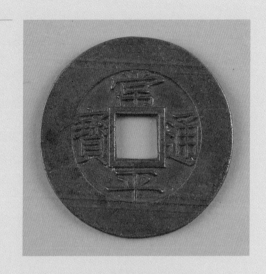

그림 25 조선통보, 국립중앙박물관 소장

동서남북으로 방향을 말하다

옛사람들은 방위 인식에 있어서 절대적 기준을 따르지 않았다. 지역을 관장하는 사람을 중심으로 하여 상대적으로 방위를 정하였다. 예를 들어, 고려시대에는 경주를 동경, 평양을 서경, 서울을 남경이라 하였는데, 수도 개성을 기준으로 주위의 3경을 정했기 때문이다. 이후 조선시대에도 마찬가지로 일상에서 상대적 방위 인식이 이어진다.

오늘날 지도를 보면 북쪽이 위에 위치하는 북상의 고정된 방위로 동서남북이 표현되는 반면, 고대의 방위는 문화적, 역사적 배경에 따라 다양하게 나타났다. 중국 문화권에서 방위를 정하는 근거는 『주역』의 방위 해석이다. 방위 역시 『주역』의 출발인 하도河圖와 낙서洛書에 근거한 복희팔괘방위도伏羲八卦方位圖와 문왕팔괘방위도文王八卦方位圖에 따라 정하였다. 각각 선천방위先天方位, 후천방위後天方位라 불리는데, 각 방위에 속한 괘는 달리 설정되지만 남쪽이 위에 위치하는 것은 동일하다. 이른바 남상방위南上方位이다.[29]

남상방위는 주체가 바라보는 향을 남으로 잡는 것이고, 따라서 주체의 앞에 펼친 그림의 위쪽이 남쪽이 되는 방위 설정은 자연스러웠다. 위가 남쪽이니 왼쪽이 동쪽이 된다. 오늘날은

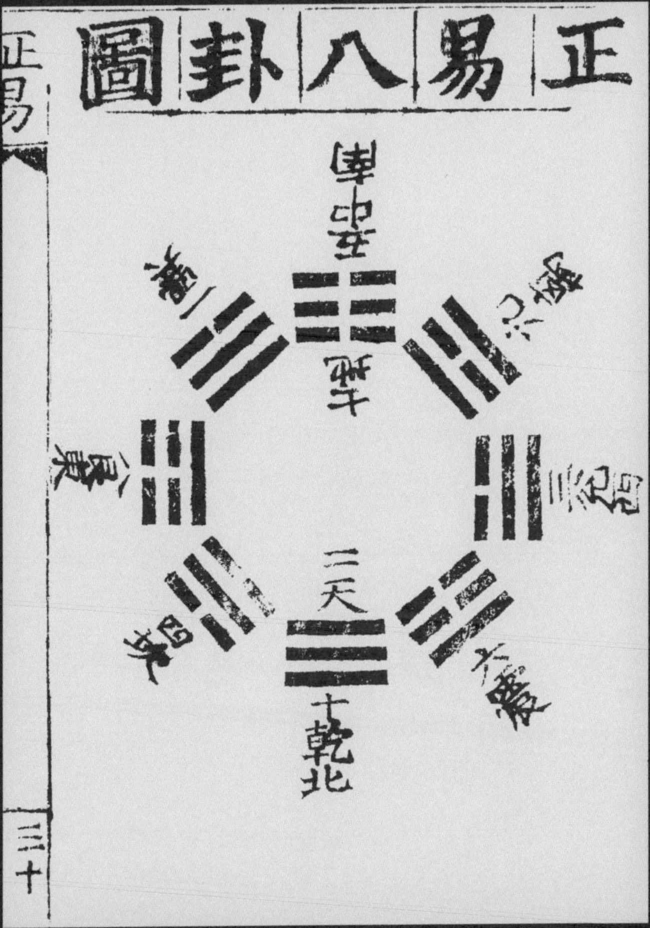

그림 26 「정역팔괘도」, 한국학중앙연구원 장서각 제공

1881년 조선인 김항이 만든 정역팔괘도에도 역시 위쪽이 남으로 표시된다

위쪽을 북으로 정하여 표시하므로 남상방위에 따른 설명은 오늘날과 정반대로 동과 서, 남과 북을 고려해서 이해해야 한다.

그중 하나가 고구려 고분벽화 사신도四神圖에 나타나는 방위 개념이다. 동서남북이 각각 청룡青龍, 백호白虎, 주작朱雀, 현무玄武로 묘사되어 있다. 이처럼 동이 청룡이고 서가 백호라면 '우청룡 좌백호'라고 해야 할 것 같은데, 우리는 흔히 '좌청룡 우백호'라고 말한다. 그 원인이 남상방위이다. 남상방위에서는 왼쪽이 동이므로 좌-청룡, 우-백호가 대응하게 된다. 고분 안의 사신

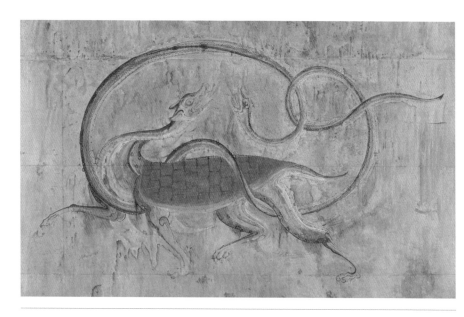

그림 27 〈삼묘리 대실 북벽 현무 모사도〉, 국립중앙박물관 소장

이 묘의 주인을 지켜 준다고 믿었고, 중앙의 앞인 남쪽을 향해 섰을 때 결정되는 방향에 따라 묘사된 표현이다.

산학서에서 방위가 텍스트로만 묘사된다면 정한 기준에 따라 동서남북이 적절하게 설명되므로 글쓴이의 방위 인식을 파악하기 어렵다. 그러나 드물지만 문제 상황을 표현하기 위해 또는 해법을 설명하기 위해 그림을 이용하는 부분이 있어 우리는 옛 선조들의 방위 인식을 탐색할 기회를 갖는다. 남병길의 『측량도해』의 문제 상황 중 성곽 문을 나와서 동, 서, 남, 북으로 이동하는 맥락에서다. 여기서도 오늘날 우리가 인식하는 방향과 반대로 남상방위가 발견된다. 남병철의 『해경세초해』에서 다루는 문제의 배경이 되는 그림 원성도식圓城圖式에도 남상방위가 그대로 나타나 있다. 위쪽이 남, 왼쪽이 동이다.

남상방위는 정약용이 시험관으로 출제한 과거 시험 문제인 '문동서남북問東西南北'에도 나타난다. 북반구에 살고 있는 우리에게 북극이 높고 남극이 낮음에도 불구하고 천문에서 이순지 등은 남극이 높고 북극이 낮다고 한 것이다.[30]

그러나 항상 남상방위를 따른 것은 아니다. 『측량도해』에 등장하는 그림 중 【그림 29】의 3개를 보자. 문제의 상황과 풀이에 따라 방위표를 붙여 보았다. 첫째 그림은 남상방위를 따른 반면, 다른 2개의 그림은 다른 유형의 4방위가 기준이 된다. 둘째

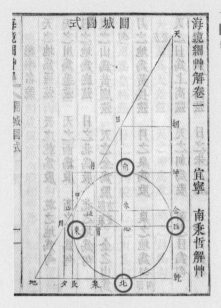

그림 28 『해경세초해』의 원성도식에 나타난 남상방위, 서울대학교 규장각한국학연구원 소장

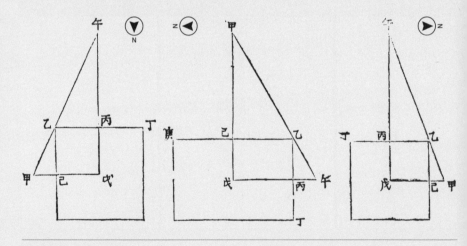

그림 29 『측량도해』, 국립중앙도서관 소장

90

그림은 오른쪽이 남이고, 셋째 그림은 왼쪽이 남으로 되어 있다. 방향 설정이 문화적, 사회적, 역사적 배경에 따라 달라진다고는 하지만, 이렇게 제각으로 설정한 이유가 무엇일까?

이에 대한 답은 문제 상황의 핵심을 이루는 구고句股로부터 추론해 볼 수 있다. 구고는 직각삼각형을 일컫는데, 직각을 끼고 있는 두 변 중 짧은 변을 구, 긴 변을 고라 한다. 『산학입문』에서는 "대개 평면에서 구고는 구가 서고 고가 눕든, 구가 눕고 고가 서든 두 경우 모두 통한다"라고 했지만, 『구장산술』로부터 전해져 온 구 3, 고 4, 현 5의 구고를 구를 눕힌 모양으로 표현한 모양이 전형적이다. 남병길은 그와 같은 산학의 전형적인 형태를 그대로 수용하여 짧은 변을 눕힌 모양의 직각삼각형을 표현하고자 문제에 주어진 동서남북을 마을 성벽의 네 변에 임의로 설정한 것으로 보인다. 방위에 대한 통념보다는 수학적 규약을 더 중요하게 고려했다는 해석이 가능하다.

예를 들어 첫째 그림은 다음 문제에 대한 해법을 설명하기 위함이다.

정사각형 모양의 성벽으로 둘러싸인 마을이 있는데, 각 변이 200보이다. 각 변의 가운데 문이 나 있고, 동문을 나와서 15보 되는 곳에 나무가 있다. 남문을 나와서

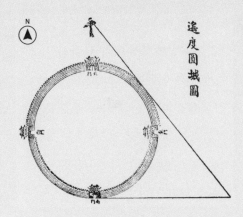

遙度圓城圖

그림 30 『수서구장』의 요도원성도

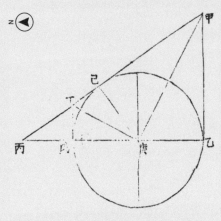

그림 31 『측량도해』의 요도원성 해법, 국립중앙도서관 소장

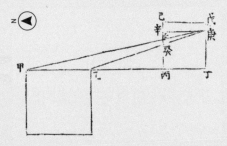

그림 32 『측량도해』의 8방위, 국립중앙도서관 소장

몇 보를 가면 그 나무가 보이겠는가?

이 문제의 풀이에서 己가 사각 성벽의 동문이고, 丙이 남문이다. 午 지점에서 甲에 있는 나무가 보이는 상황을 묘사한 그림이다.

이러한 해석을 뒷받침하는 문제로 요도원성遙度圓城이 있다. 문제가 실린 원본인 13세기 중국 산학서『수서구장數書九章』의 측망류에 제공된【그림 30】은 네 개의 문에 방위를 표시하였는데, 오늘날과 같은 북상방위이다. 남병길은 이를 도해하면서 굳이【그림 31】와 같이 그려서 설명한다. 이 설명에는 구고 甲乙庚과 庚武丁이 언급되는데, 주인공인 甲乙庚을 전형적인 구고 모양과 일치하게 세운 것으로 보인다.

더욱이 4방위를 넘어 8방위도 등장한다. 앞서 예시로 든 문제들과 달리 문제 상황에서 성의 변을 지칭하는 것이 아니라 모퉁이를 지칭해야 했기 때문이다.【그림 32】의 갑(甲)은 동북쪽 모퉁이고, 을乙은 동남쪽 모퉁이라 하였다. 이때는 동쪽이 위로 향하는 방위이다.

3

중인 산원의
수학 공부

산원은 무엇을 공부하고, 무슨 일을 했을까

  조선의 중인은 양반과 양인 사이의 신분으로서 기술관직을 선발하는 잡과 취재取才에 응시하여 오늘날의 전문기술직인 통역관, 의사, 법관 등이 될 수 있었다. 수학과 관련한 나랏일을 하는 산원 역시 중인 신분이며 호조에 속해 있었다. 성종 대의 법전인 『경국대전』에는 산원 30명을 두고 있고, 관직을 종9품에서 종6품까지 다섯 단계로 설명한다.

    종6품 산학교수算學敎授 1명, 별제別提 2명
    종7품 산사算士 1명

종8품 계사計士 2명

정9품 산학훈도算學訓導 1명

종9품 회사會士 2명

산학 취재에 합격하면 종9품 회사 직급부터 시작한다. 승진할 수 있는 최고 관직은 종6품이지만, 노력 여하에 따라 정3품까지도 가능했다. 산원이 30명이라고 했는데, 품계에 적힌 인원수는 총 9명이다. 선발 인원을 넉넉히 잡았지만 체아직遞兒職 제도를 이용하여 실제로는 9명만 현직에 임했다. 체아직은 현직에 있지 않은 관리에게 녹봉을 주기 위해 만든 벼슬이다. 산원 중에는 종7품 이하가 체아직에 해당하여 산사 이하는 서로 돌아가며 일하고 녹봉도 나누어 받았다. 누가 관직을 맡을 것인지 결정하기 위해 도목都目이라는 능력 평가 제도가 마련되었고, 1년에 두 차례 실시되었다. 종6품 산학교수와 정9품 산학훈도는 오늘날의 수학 교사이다. 당시 산학을 배우려는 생도의 수가 15명으로 규정되어 있었으나 영조 대의 법전인 『속대전續大典』에 따르면 61명으로 증원된다. 나랏일을 하는 데 점차 수학의 필요성이 증대되는 현상을 대변해 준다. 수학을 가르치는 업무를 맡은 산학훈도나 산학교수가 되기 위해 취재 합격 후 평균 19.9년, 26.6년이 소요되었으니[31] 예나 지금이나 가르치는 일은 어렵고도 중요한 일이었다.

산학 취재에 응시하려면 어떤 공부를 해야 했을까? 세종 12년(1430년) 3월 18일 기사에는 취재의 각 분야별 경서經書와 여러 기예技藝를 설명하고 있다. 국가 고시 준비를 위한 수험서를 열거하고 있는데, 산학은 상명산詳明算, 계몽산啓蒙算, 양휘산揚輝算, 오조산五曹算, 지산地算의 다섯 가지이다. 이중 남북조시대 5개 정부 부처의 관리 지도를 위한『오조산경』과 전해지지 않아 내용조차 알 수 없는『지산』은 사라지는 반면, 세종이 공부한 수학 교재『산학계몽』, 세종이 복간하여 전국에 뿌린『양휘산법』, 『산학계몽』을 중간한 김시진이 기본 산술서로 평한『상명산법』은『경국대전』에서도 산학 취재 과목으로 이어진다. 산학 취재 과목에 해당한 수학책의 내용은 산원이 호조에서 해야 할 국가 업무 역량을 강화하는 수학 계산술이다.

태조 1년(1392) 9월 24일 기사에는 도평의사사都評議使司의 관리들이 22개 조목을 임금에게 제언하고 임금이 모두 따랐다는 기사가 실려 있다. 이 22개 조목에는 다방면에 능력 있는 자를 조정에 보내어 발탁, 등용하는 데 대비하도록 한다는 것이 포함되는데, 형률과 산수에 정통하고 행정에 통달하여 백성들을 다스리는 직책을 맡길 만한 사람이라고 서술되어 있다. 행정에 통달할 것이 요구된 중인 산원이 호조에서 실제로 어떤 일을 하였는지는 그들이 집필한 수학책이나 조선왕조실록의 내용을 통해 추론할 수 있다.

첫째, 양전量田, 즉 토지의 넓이를 측량한다. 오늘날도 재산세는 국가 재정을 확충하기 위한 주요 세목이듯이, 조선시대에도 전세田稅가 국가 재정에서 가장 큰 비중을 차지했다. 이를 위해 20년마다 전국적인 토지 조사를 벌이도록 했지만, 수행의 어려움 때문에 실제로는 네댓 번 시행되었을 뿐이다. 성종 15년(1484) 7월 26일 기사에는 지방에서 새로운 전토가 생기고 바뀐 전토도 많으므로 양전할 필요가 있음을 논하면서 호조에서 아뢴 대로 고르게 양전해야 하겠다고 적혀 있다. 호조의 산원이 해야 할 주요 업무에 양전이 포함되어 있음을 확실히 보여 준다. 또한 "양전에는 반드시 산학을 아는 자를 얻어서 해야 하나 산학을 아는 자를 많이 얻을 수 없으므로, 이에 앞서 양전할 때에 여러 도에서 한꺼번에 모두 거행하지 못하였으니, 올해에는 평안도부터 시작하소서"라는 의견으로부터 업무의 양과 필요에 비해 산원의 수가 충분하지 않았음을 추측해 볼 수 있다.

이러한 추측을 확신시켜 주는 것은 효종 4년(1653) 9월 19일 기사이다. 효종과 영의정 정태화의 다음과 같은 담화가 기록되어 있다.

임금: 경기의 양전量田을 이미 10월부터 거행하도록 정하였는데, 경기 고을에는 셈을 잘하는 아전이 없다고 하니 그러한가?

영의정: 성교가 참으로 옳습니다. 올해는 농사가 여물지 않고 또 양전의 일이 있으므로 백성의 원망이 참으로 많은데, 각 고을에 셈할 줄 아는 사람도 아주 적다 합니다.

임금: 그러면 어찌 해야 하는가?

영의정: 굶주린 백성이 여기저기 분주하며 끼니조차 해결하지 못하고 있는데, 양전을 거행하면 백성이 장차 밭이랑 사이에 서서 기다리게 될 것입니다. 백성의 폐해가 이러한데 또 아전은 셈할 줄도 모르니, 각 고을에서 산법算法을 미리 가르친 뒤 우선 내년 가을이 되기를 기다려 거행하는 것이 마땅할 듯합니다.

양전을 위해 수학이 필요한데 아전은 계산조차 못할 수준이므로 우선 수학을 가르치는 일을 해야 한다는 의견을 올리는 상황을 묘사하고 있다. 세종 1년(1419) 11월 15일 기사에도 "산학박사 두 사람 중에서 지리와 산수를 겸해서 통하는 자 한 사람은 본부의 토지 측량 사무를 겸임하도록 하소서"라는 기록이 있어, 능력 있는 자에게 본 업무 이외의 추가 업무로 양전이 주어진 것을 확인할 수 있다.

이와 같이 양전과 그 계산법은 산원의 기본 업무 중 하나였다. 양전은 수학적으로는 결국 평면도형의 넓이를 구하는 것이다. 『구장산술』 등의 산학서에서 첫 번째로 다루어지는 주제이고 『산학입문』에는 토지의 다양한 모양이 다루어져서 전통 수학에서 평면도형의 넓이를 어떻게 측량했는지 파악할 수 있다. 보통 전무형단田畝形段 또는 방전구적법方田求積法이라 지칭되는 주제로 다루어지는 내용이다. 기하보다 대수에 치우쳤던 전통 수학에서는 도형과 관련한 몇 안되는 주제에 해당한다. 반듯한 모양인 정사각형, 직사각형, 이등변삼각형, 사다리꼴, 직각삼각형 등의 넓이는 오늘날과 마찬가지 방법으로 구하였지만, 일부

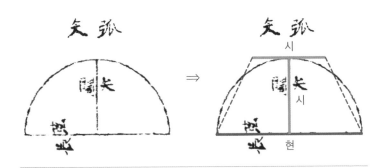

그림 33 『산학입문』, 국립중앙도서관 소장

호시전의 넓이 구하기

도형은 근삿값으로 만족해야 하는 경우도 있었다. 호시전이 한 사례인데, 원의 일부인 활꼴이라 불리는 이 도형의 참값을 구하려면 부채꼴에서 삼각형만큼 빼야겠지만, 『산학입문』의 풀이는 사다리꼴로 근사시켜 구한다. 호에서 현까지의 거리인 시矢만큼의 길이를 윗변으로 놓아 만든 사다리꼴이다. 그래서 사다리꼴의 넓이 공식에 따라 $\frac{(\text{현}+\text{시}) \times \text{시}}{2}$ 이다.

둘째, 균전均田, 즉 토지에 맞게 세금을 거둬들이는 일이다. 나랏일을 하는 데 필요한 자금을 백성에게 거둬들인 세금에 기초하여 마련하는 것은 예나 지금이나 마찬가지다. 농본사회였던 조선에서 양전量田, 즉 토지 측량을 한 다음 균전이 이어진다. 토지의 크기와 질에 따라 적절하게 세금을 걷기 위해서는 계산이 필요하고 이를 관리하는 관료 역시 수학적 역량이 있어야 함을 보여 준다.

현종 4년(1663) 3월 18일 기사에는 대사간 김시진金始振(1618-1667)에게 균전하는 임무를 맡기는 것을 설명하는데, 그 이유가 사무에 통달하고 산법算法에 밝기 때문이다. 조선 수학사에서 김시진이 언급되는 중요 이유는 중국 수학책이자 산학 취재 과목인 『산학계몽算學啓蒙』을 다시 간행했기 때문이다. 임진과 병자 양란으로 산학서가 분실되어 산법의 전래를 염려하던 전주 부윤 김시진이 호조의 회사 경선징慶善徵에게서 얻어 1660년 목판으로 중간하였음을 서문에 밝힌 덕분에 알 수 있는 사실이다.

나는 어렸을 적부터 일찍이 산학에 마음을 두었으나 우리나라에 전해진 것은 『상명산서』와 같이 쉽고 단순한 방법에 지나지 않았다. 『구장산술』, 『육고六觚』와 같이 미묘한 기술은 드물었다. 풀어본 것이 있어도 질문할 수가 없었다. 정유년에 상중에 있고 병이 들어 바깥일이 없게 되었을 때 마침 지금 금강현력 정양에게서 필사본 『양휘산서』를 얻고 또 지부地部 회사 경선징에게서 우리나라에서 처음 인쇄한 『산학계몽』을 얻었다.[32]

여기서 지부는 지부아문地部衙門의 준말로 호조를 지칭하며, 회사는 취재 입격 후 첫 관직인 종9품 관리다. 이 책이 조선 내에서뿐만 아니라 중국으로 역수출되어 중국 산학 연구에 기여하게 된다. 『산학계몽』의 본거지인 중국에서는 명 대에 잊힌 것을 청 대에 들어 나사림羅士琳(1789-1853)이 김시진의 중간본을 구하여 복각하여 명맥을 이어 갔기 때문이다. 이렇게 보면 김시진의 이력에 호조참판이 있는 것이 우연이 아니다.

셋째, 도량형度量衡을 정비하여 세금 징수 및 상거래를 원활하게 한다. 세금을 거두거나 상거래가 발생하는 장면에서 국정을 바르게 하기 위해서는 도량형을 바로 잡아야 하는데, 이 또한 임금의 임무이고 관련 업무는 호조 산원들에게 부과된 일 중하나였을 것이다.

산원들이 공부했을 산학서에 나오는 도량형 관련 내용은 다양하다. 조선 산학서에서 다루는 문제들은 순수 수학 문제가 아니라 생활 속 문제이므로 그 안에서 다양한 도량형이 등장하는 것은 자연스럽다. 시대에 따라서는 물론이고, 동시대일지라도 지역에 따라 도량형이 달라지는 경우가 있었다. 2장의 도량형 표에서 보듯이 1필의 자수는 세 가지나 된다. 즉 도량형이 동시대에조차 일정하게 정해져 있지 않았음을 알 수 있다. 이는 산학서에서도 확인되는데, 도량형의 기준이 일정하지 않은 것 자체를 문제 상황으로 다루는 문제도 있다. '궁'이라는 단위가 5자 또는 4자 8치의 두 가지로 정해져 있던 것을 담은 『구일집』의 문제이다.

옛날의 궁弓은 보步와 같고 5자를 나타냈다. 그러나 지금의 궁은 바로 잡아 4자 8치로 되어 있다. 옛날 궁을 써서 100보를 지금의 궁으로 고쳐 생각하면 얼마인가?

도량형의 정비는 거시적으로는 나라 살림의 수입원인 조세제도의 기초이고, 미시적으로는 백성 살림을 영위하는 기준이 되기 때문에 국가적 차원의 대사라 할 수 있다. 조선에서 도량형을 통일한 것은 세종 대이다. 도량형의 기준인 황종에 대해 세종 12년(1430) 9월 11일 기사에서 중국과 조선의 기장 차이로 인한 황종의 차이를 논하거나 세종 26년(1444) 6월 6일 기사에서 도량형의 표준을 잡기 위해 신하들과 긴 논의가 이어진 것을 볼 수 있다.

한편 실록에는 길이 측정 도구인 영조척이 15개 왕조에 걸쳐 55개 기사에서 나타난다. 영조척이 사용되는 용례는 제사의 단을 설치하거나 왕의 무덤을 조성할 때, 그리고 주택 건설 및 망루나 토성 같은 토목공사 때와 검시 또는 들이의 단위인 곡, 말, 되, 홉을 정비할 때 등이다. 세종 28년(1446) 11월 4일 기사는 영조척 40개를 제작하여 전국에 보급했다고 적고 있다. 나라에서 도량형을 정하여 지방에 전하여 기준을 명확히 하고자 하는 노력이 돋보인다. 아마 도량형의 표준을 엄밀히 하고자 이 영조척에는 정부의 보증을 확인하는 표식을 남겼을 것이다.

넷째, 역법曆法을 정하고 천문 현상을 예측한다. 천문 역법은 달력을 정하고 일식과 월식을 예측하는 일이다. 농본주의 사회에서 음력 날짜는 양력보다 자연의 이치와 부합한다는 점에서 선호되었다. 농사 일정을 안내하는 절기에 따라 달력을 정하기 위해 계산이 필요했고, 이는 산원의 중요한 역할이었다. 그러나 천문학적 이해가 부족했던 당시 월식과 일식은 임금의 정치를 평가하는 의미로 해석되었기 때문에 산법으로 월식과 일식을 추산하여 예측하는 일은 민심을 다스리는 일과도 밀접한 관련이 있었다. 때로는 예측 결과로 인해 목숨을 거는 것조차 감당해야 할 정도로 위험한 일이었다.

산원이 처리해야 할 국가 주요 업무 제1번이 역산이라는 것을 실록의 다음 기사에서 확인할 수 있다. 산법이 역법에 사용되는 것은 너무 당연한 일이고, 그 외에 병사 동원과 양전을 위한 계산에 필요한 것이 명확히 언급된다.

> 산법算法이란 유독 역법에만 쓰는 것이 아니다. 만약 병력을 동원한다든가 토지를 측량하는 일이 있다면, 이를 버리고는 달리 구할 방도가 없으니 ….
> - 『세종실록』 권51, 세종 13년(1431) 3월 2일

또한 세종 10년(1428) 3월 23일 기사에는 『태일산법太一算法』에서 일기의 흐림과 맑음을 기록하는 일을 훈도訓導 한 사람에게 맡기어 달마다 대강 며칠은 흐리고 며칠은 맑은지 써서 올렸다고 한 것을 보면 산원은 천문 업무를 담당하는 서운관書雲觀의

일기 예보도 도왔음을 알 수 있다. 숙종 31년(1705) 6월 10일 기사를 통해서도 역법과 관련하여 산원에게 부과된 일은 매우 중요했음을 알 수 있다. 역서를 개정한 역관의 죄를 물어 옥에 가두고 청나라 역서와 조선 역서를 비교 검토하여 틀린 부분에 대해 산술에 밝은 자를 시켜 두세 번 계산하게 한 것이다. 이와 같이 전통사회에서 역법과 계산은 긴밀한 관계였고, 따라서 역산曆算으로 한 데 묶여 상용되고는 했다.

요컨대, 호조의 산원은 임금이 나라를 잘 다스릴 수 있도록 돕는 수학 분야의 행정 전문가에 해당한다. 산원은 국가적 차원에서 필요한 수학인 양전, 균전, 도량형, 역법과 관련된 행정 업무를 수행해야 했다.

수학을 가업으로 삼다

산학 취재를 통과하여 국가의 산학 관리가 된 직업 수학자들은 중인 신분의 산원들이다. 이들의 생년과 함께 가계 배경 등에 대한 중요 정보를 제공하는 기록이 『주학입격안籌學入格案』이다. 이 문서에는 성종 19년(1488)부터 고종 25년(1888)까지 400년간 산학 취재에 입격한 산원 1,627명의 성명과 본관, 가족관계가 수록되어 있다. 여기서 일종의 대물림에 의한 세습화 경향이 발견된다. 중인 산원 집안에서는 취재 준비를 위한 수험서가 필요했고, 수험서가 갖추어져 수학 공부하기에 딱 좋은 교육 환경에서 자란 후손들 역시 수학 공부에 관심을 둘 수밖에 없었을 것이다. 실제로 1,627명의 본관은 경주 최씨 203명, 전주 이씨 169명, 정읍 이씨 121명, 남양 홍씨 111명, 태안 이씨 103명, 주계 최씨 82명, 합천 이씨 45명 등에 몰려 있다.[33] 합격자 이름이 크게 적혀 있고 옆에는 당사자의 초명이나 생년, 관직 등이 있다. 우리가 경선징이라 일컫는 위대한 수학자는 경선행으로 적혀 있고, 선징은 그의 어릴 적 이름임을 알 수 있다. 그 아래에 본관과 부, 조부, 증조부, 외조부, 장인의 이름과 관직을 적었다. 특히 부의 직업으로는 의과, 역과 등 200여 명을 제외한 대부분이 산원임을 볼 때 대를 이어 산원이 되고, 산원 집안끼리 혼인하여 더 큰 산학 공동체를 구성하여, 산원 카르텔을 형성했다고 보아도 무방하다.

예를 들어, 수학책을 남긴 업적 덕분에 주목할 수밖에 없는 중인 산원 경선징, 홍정하, 이상혁이 서로 어떻게 얽혀 있는지, 그 복잡한 관계가 『주학입격안』을 통해 드러난다.

경선징慶善徵(1616-1691)은 훈도, 교수, 활인별제를 지냈고, 외할아버지와 장인이 산학교수, 아버지가 별제였으며, 형제, 자녀,

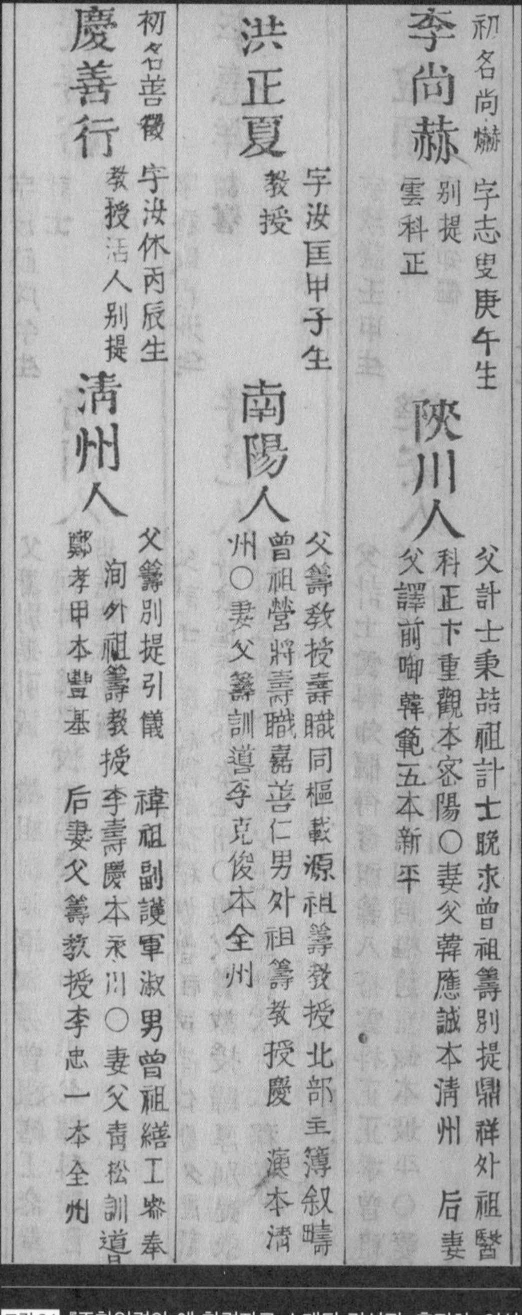

初名尚爀　字志叟庚午生

李尚爀
別提
雲科正

父計士秉喆祖計士脫求曾祖籌別提鼎外祖醫
科正卞重觀本客陽○妻父韓應誠本清州　后妻
父譯前啣韓範五本新平

陝川人

洪正夏
教授

字汝匡甲子生

南陽人

父籌教授壽職同樞載源祖籌教授北部主簿叙疇
曾祖營將壽職嘉善仁男外祖籌教授慶演本清
州○妻父籌訓導李克俊本全州

初名善微　字汝休丙辰生

慶善行
教授活人別提

清州人

父籌別提引儀　禪祖副護軍淑男曾祖繕工瞻奉
洞外祖籌教授李壽慶本永川○妻父青松訓導
鄭孝甲本豐基　后妻父籌教授李忠一本全州

그림 34 『주학입격안』에 합격자로 소개된 경선징, 홍정하, 이상혁, 서울대학교 규장각한국학연구원 소장

조카 중에도 산원이 다수 있었다. 홍정하洪正夏(1684-1727)도 마찬가지로 훈도, 교수를 맡았었고, 할아버지와 외할아버지와 아버지가 산학교수, 형제와 조카와 자녀가 훈도, 별제, 계사를 지냈다. 이상혁李尙爀(1810-1883?)의 집안인 합천 이씨는 역대 64명의 주학입격자를 낸 산학자 집안이다. 이렇게 직계 가족 내 산원 집단 형성뿐만 아니라 이들 가문 간 연계를 【그림 35】과 같이 정리해 볼 수 있다.

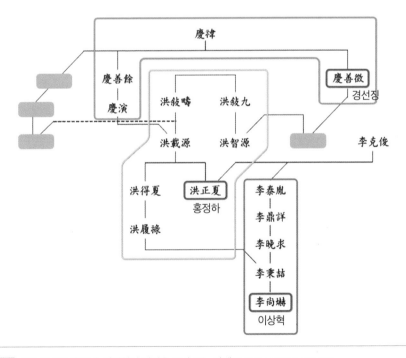

그림 35 산원 경선징-홍정하-이상혁의 연결을 보여 주는 가계도, 『한국수학문명사』에서 참고
수선은 혈명관계, 사선은 혼인관계를 보여 줌

이 그림은 청주 경씨, 남양 홍씨, 합천 이씨 세 가문의 가계도 중 일부로, 조선 수학사에서 혁혁한 공을 남긴 경선징, 홍정하, 이상혁이 혼인 관계로 어떻게 연결되는지, 얼마나 가까운 사이인지를 보여 준다. 시기적으로 경선징과 홍정하가 연결되고, 홍정하는 다시 이상혁과 연결된다. 경선징의 조카 경연慶演이 홍정하의 외할아버지이고, 이상혁의 아버지 이병철李秉喆은 홍정하의 조카인 홍이록洪履祿의 사위이다. 『주학입격안』에 명시적으로 드러나는 혈연 관계 못지않게 혼인 관계로 인한 연결을 보건대, 중인 산원들이 산학을 중심으로 하는 지식 공동체를 형성함으로써 가문 간에 수학책과 정보를 공유하고 지식을 전수받으면서 실질적으로 산원 관직을 독점할 수 있는 유리한 위치에 있었을 것으로 짐작된다.

수학을 논하고 수학책을 구할 기회를 얻다

역사적 사건의 객관적 진실성이 훗날까지 온전히 전해지기란 쉽지 않고, 사건에 대한 해석에는 자연스럽게 해석자의 역사적 관점이 개입하여 서로 다른 설명을 낳기 마련이다. 동일 사건에 대해 자국의 명분과 실리에 따라 국가적 관점이 달라지며,

이에 따라 역사책에 담긴 여러 사건에 대해 상반되는 관점의 논쟁으로 번지기도 한다. 하물며 역사가 영화, 드라마, 소설로 그려질 때는 그 변형이 심각한 수준에 이르기도 하지만 그것이 용납되는 이유는 실화를 바탕으로 했지만 문학 장르상 픽션이라는 사실을 감안하고 보기 때문이다. 그리고 대중은 영화와 드라마를 통해 역사 속 사건에 흥미롭게 빠져드는 경우가 많다. 문제는 허구의 스토리를 역사라는 배경 때문에 사실인 양 오해하기도 한다는 것이다. 조선 산학은 남아 있는 산학서 자체가 많지 않아서 연구를 위한 자료 활용에 많은 제약이 있다. 산학서는 수학 문제나 이론 등의 객관적 수학 지식으로 구성되므로 실생활을 담은 가상의 문제 상황을 제외한다면 수학 이외의 흥미로운 사건을 접하기는 쉽지 않다. 딱 하나의 예외가 있다면 바로 홍정하洪正夏(1684-1727)의 스토리이다.

홍정하는 자신의 수학적 혜안과 안목을 있는 그대로 보여준 산학서 『구일집九一集』을 남긴 중인 산원이다. 『구일집』은 내용이나 형식상 산학 취재를 보기 위해 수험서로 역할을 했을 가능성이 충분해 보이고 훌륭한 수학 연구 성과를 담고 있을 뿐만 아니라, 마지막 장인 잡록에는 단순한 문제 풀이가 아닌 다양한 수학 관련 내용이 포함되고 그중 하나로 흥미로운 일화가 전해진다. 바로 중국 사력司曆과의 수학 문답이다. 영화나 드라마가 아닌 역사적 기록인데, 누가 봐도 흥미로운 기승전결을 담아 연출해 보고 싶은 욕구를 자극하는 이야깃거리다. 실제로 이 스토리를 담은 소설이 집필되기도 하였다. 언제 누구를 만나서 어떤 수학 이야기를 했는지 상세하고도 구체적으로 적어 놓았기 때문에 우리는 오늘날 책을 읽으며 묘사된 장면을 머릿속에 각자의 방식으로 연출해 볼 수도 있다.

때는 숙종 39년인 계사년 1713년 윤 5월 29일이다. 『승정원일기』478책에는 숙종 39년 윤 5월 15일 기사에 하국주를 비롯한 중국 관원들의 조선 입국 사실이 수록되어 있다. 홍정하가 취재에 합격한 해인 1706년으로부터 7년이 지난 시점이고, 청나라를 통해 서양의 수학이 한창 유입되고 있다는 소문은 들었지만 책이나 이론을 직접 접한 적이 없던 나이 30세의 산원은 산학 공부에 전념하는 가운데 지적 호기심을 채워 줄 좋은 기회를 자신의 수학책에 기록으로 남겼다. 이 담화에 나오는 등장인물은 총 네 명이다. 주인공 홍정하 외에 청의 관리 하국주何國柱와 아제도阿齊圖, 조선의 산원 유수석劉壽錫이다.

당시 청의 강희제는 서양 문물에 대해 개방적이고 호의적인 황제로, 수학 및 천문학에 관심이 커 예수회 선교사로부터 개인 교습을 받을 정도였다. 새로운 이론 정립을 위한 음악, 역법, 수학책을 쓰게 하여 각 분야를 『율려정의律呂正義』, 『역상고성曆象考

成』,『수리정온數理精蘊』으로 구성하고, 총칭하여『율력연원律曆淵源』으로 완성하였다. 하국주와 아제도는『역상고성』집필에 관여한 주요 인물로 알려져 있다. 한편 유수석은 남병길이 집필한『유씨구고술요도해』의 원작자인 유씨이다. 이렇듯 천문학과 수학에 쟁쟁한 네 사람이 모여 앉았는데, 아마도 하국주와 아제도의 이력에 비해 홍정하와 유수석은 신진 연구자 정도로 여겨질 만하다. 이 어려운 만남을 주선한 사람은 호조판서 조태구이다. 호조는 산원이 소속된 부처이고, 그 관리자인 조태구가 서양 수학의 대표서인『기하원본』을 도입한 최초의 조선 산학서『주서관견』을 집필한 수학자라는 사실이 장면에 등장하는 두 나라 수학자의 연결 고리를 드라마틱하게 메워 준다.『승정원일기』에는 호조판서 조태구가 중국의 역법을 배우기 위해 우리 관원을 파견하자는 논의가 다음과 같이 기록되어 있다.

우리나라는 측후測候하는 일이 매우 허술하여 매번 중국에 사람을 보내어 법을 배워 오려해도 그럴 겨를이 없지만, 그가 이미 나온 이상 범범하게 지나쳐서는 안 됩니다. 관상감 관원 허원許遠을 일찍이 북경으로 보내 역법을 구입하여 배운 적이 있습니다. 그 외에 조금 법을 깨치는 자도 간혹 있으니, 이들을 관사에 들여보내

그 술수를 배우게 하되 관상감 관원이라고 일컬을 필
요는 없고 보통 사람의 모양으로 들여보내 의기와 제
도를 보고 배우는 것이 좋을 듯합니다.

- 『승정원일기』 478책(탈초본 25책), 숙종 39년(1713)

윤 5월 15일

중국의 역법을 배우기 위해 조선 조정의 치밀한 논의로 이
루어진 만남이고 이를 위해 보통 사람의 모양으로 파견된 홍정
하와 유수석이다. 하국주가 당시 조선을 방문한 목적은 조선 한
양의 북극고도, 즉 위도를 측정하기 위함이었다. 시간을 정하는
역법이 천체의 운행을 관측하여 그 주기를 기준으로 하므로 위
치한 위도에 따라 달라지는 것이 이치이고, 청과 달리 조선의 위
도를 재려는 목적에서 조선을 방문하여 상한대의象限大儀라는 도
구를 사용하여 한양 종로에서 위도를 측정하여 37도 39분 15초
의 값을 측정해 낸 것이다. 하국주의 신분과 업무를 생각하면
이 만남이 조선의 젊은 산원 홍정하에게 매우 귀한 경험이었을
것이라는 추측이 가능하고 담화는 주로 하국주가 주도하는 방
식으로 진행된다.

또한 홍정하와 함께 착석한 유수석은 남병길이 쓴 『유씨구
고술요도해』의 원작자이다. 남병길은 책의 서문에서 다음과 같

이 적어 책의 저자가 유수석 본인인지는 확인할 수 없지만 책의
아이디어가 유수석에서 왔음을 확신하고 있다.

> 강희 연대에 중국의 하국주가 와서 빈관에 머무를 때
> 학자 유수석이 그와 더불어 산학을 토론했다. 그러나
> 저술한 것이 있었는지는 알 수 없다. 사람이 비록 책을
> 전하지 않았어도 반드시 전해졌을 것이다.

실제로 담화에는 홍정하와 유수석이 하국주보다 더 많은 구
고 문제를 알고 있음이 기록되어 있다. 담화는 곱셈, 나눗셈 문
제와 제곱근 구하기 등 산학에서 기초 산술에 해당하는 문제로
시작하여 점차 무게와 거리의 반비례 관계인 평형의 원리에 따
라 나무 막대를 이용하여 무게를 재는 시연도 곁들여진 생동감
넘치는 교수·학습 장면으로 이어진다. 그리고 나서 아제도가
불쑥 끼어든다. 사력 하국주의 수학 실력이 천하에 넷째라고 치
켜세우면서 조선의 젊은 수학자들에게 말하기를, 문제를 내서
사력의 실력을 시험해 보라고 한다. 이에 홍정하가 스스로 만든
문제를 낸다. 이 문제는『구일집』제8권에 실린 문제인데, 이에
대한 사력의 반응이 주목할 만하다. "문제가 어려워서 바로 못
풀겠으니 내일까지 풀겠다"라고 했고, 그런데 이후로 보여 주었

다는 기록은 없다. 이 문제를 잠시 들여다보자.

새알처럼 동그란 모양의 옥 한 덩이가 있고, 그 안에 정
육면체 옥이 내접하고 있다. 이 정육면체를 빼낸 껍질
의 무게가 265근 15냥 5전이다. 껍질의 두께가 4치 5분
이라면 정육면체 옥의 한 모서리와 옥의 지름은 각각
얼마인가?

문제에 주어진 조건을 이용하면 구의 부피에서 내접한 정육
면체의 부피의 차로써 삼차방정식을 세워 풀 수 있는 문제다.
10차 방정식까지 다룬 홍정하에게는 별로 어려운 문제가 아니
겠지만, 그때까지 대담에서 다루어졌던 산술 문제에 비하면 난
도가 꽤 높은 문제이다.

그래서인지 다시금 사력의 질문이 이어지는데, 앞선 문제보
다 수준이 훨씬 높아진다. 아마도 홍정하가 낸 문제로 인해 두
젊은이의 수준을 가늠하게 되었다. 문답 배틀에 이어 책을 구
하는 장면도 묘사된다. 북경을 방문하여 새로운 벗이나 서적을
구할 기회를 얻을 수 있었던 사대부와 달리, 중인 산원은 서양
의 수학을 비롯한 새로운 수학 지식을 접할 기회를 얻기 어려웠
던 시절이다. 홍정하는 하국주에게 『기하원본幾何原本』이나 『측

량전의測量全儀』와 같은 책을 구하는 방법을 묻는다. 나랏일을 하는 관리인데도 청나라로부터 서양의 수학을 담은 책이 조선에 전해진 것은 들은 바 있지만, 책을 접하기가 쉽지 않았던 당시 상황을 보여 준다. 조선에서 서양 수학 내용을 다룬 수학자는 청을 방문하여 책을 구하고 귀국 후 서로 나누어 볼 수 있었던 사대부들이고 중인 산원 중에는 사대부와 공동 연구를 했던 이상혁 정도였다는 사실이 이를 입증한다.

홍정하의 수학적 성취는 탁월했다고 평가되는데, 그중 하나가 천원술天元術이다. 천원술은 고차 방정식을 세워서 푸는 방법을 말한다. 홍정하는 『구일집』에서 다룬 473개의 문제 중 166개를 천원술을 써서 풀었다. 가히 천원술의 보고寶庫라 할 만하다. 그런데 오늘날 방정식 하면 떠오르는 미지수, 즉 문자가 천원술에는 없다. 방정식이나 다항식을 어떻게 나타내었을까? 이때도

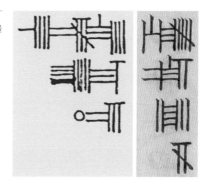

그림 36 『구일집』에 나온 천원술, 서울
대학교 규장각한국학연구원 소장

산대가 필수이다. 홍정하의 『구일집』에 나온 산대 배열을 살펴보자.

왼쪽에 아래로 내려쓴 4개의 수가 있다. 2장에서 설명한 산대에 의한 수 표기법을 상기해 읽어 보자. 그런데 숫자 배열에서 앞서 설명하지 않았던 특이한 부분이 보인다. 비스듬히 놓인 산대이다. 이것은 음수를 나타낸다. 그래서 왼쪽 수 배열의 맨 위와 맨 아래 수는 음수를 뜻한다. -16135과 -7이다. 음수는 일의 자리에 막대를 비스듬히 놓아 나타낸 것이다.

오른쪽 수 배열의 첫째 수에서도 비스듬히 놓인 막대가 보인다. 이번에는 왜 가운데 숫자에 있을까? 거기가 일의 자리라는 의미다. 즉 소수를 나타낸다, -1428.84. 한편 그 자리가 일의 자리라는 것은 맨 아래 있는 수에서도 알 수 있다. 맨 앞에 놓인 동그라미 기호가 0이다. 자연수에서는 앞자리에 0을 쓰지 않는데, 0이 있다. 자연스럽게 소수 자릿수를 나타내기 위한 숫자임을 추론할 수 있다. 즉 0.28인 것이다. 조선 수학에서는 소수와 음수 역시 산대로 나타내는 방법을 마련하여 사용하였다.

이제 모든 수를 읽을 수 있다. 왼쪽을 순서대로 읽어 보면, -16135, 2187, 243, -7이다. 이것이 하나의 식을 표현한 것이고, 오늘날의 식 표현으로 바꿔쓰면 $-7x^3+243x^2+2187x-16135$이다. 즉, 각 항에서 문자 부분은 생략하고 앞에 곱해진 계수 부분만 상수항부터 시작해서 올림차순으로 내려 쓴 것이다. 그래서 문자 없이도 수의 위치에 따라 몇 차 항의 계수인지 알 수 있다. 왼쪽은 계수가 네 줄로 배열되어 있으므로 삼차식이다. 맨 위로 부터 상수항, 1차 항의 계수, 2차 항의 계수, 3차 항의 계수이다.

마찬가지로 생각하면 오른쪽은 세 줄이므로 이차식이다. 순서대로 -1428.84, 45.36, 0.28이다. 따라서 이차식 $0.28x^2+45.36x-1428.84$를 나타낸다. 이제 1장에서 보았던 『구

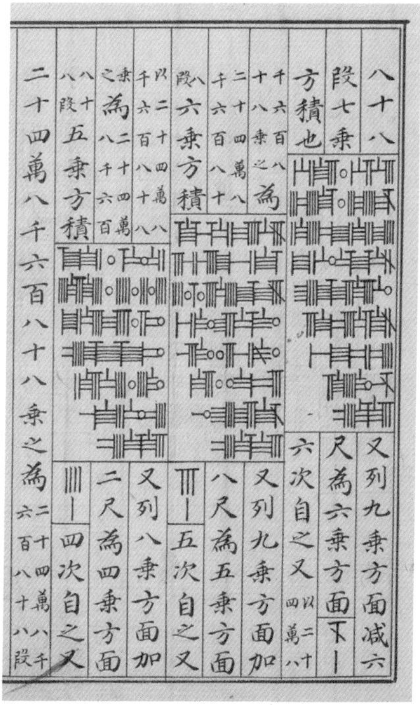

그림 37 『구일집』의 문제해결에 이용된 천원술, 서울대학교 규장각한국학연구원 소장

그림 38 『구일집』의 10차식 천원술 표현, 서울대학교 규장각한국학연구원 소장

일집』에 제시된 11줄의 기다란 산대 배열이 10차식이라는 것을 알 수 있고, 그리고 왜 10차인지 설명할 수도, 구체적으로 어떤 식인지도 옮겨 적을 수 있다.

【그림 38】의 수 배열이 11층이다. 맨 위부터 상수항, 1차 항, 2차 항, …, 10차 항의 계수를 배열한 것이고 이 식에는 특별히 옆에 십간十干으로 명명해 놓은 것도 볼 수 있다. 오늘날의 식으로 옮겨 적으면 다음과 같다.

$$x^{10}+x^9+19x^8+177x^7+1163x^6+6405x^5+30523x^4+119369x^3$$
$$+354939x^2+714108x-4599740=0$$

여기서 음수에 대한 조선시대 관념을 잠시 생각해 보자. 산대 배열에서 나타나듯이 당시 사람들은 음수를 인식했고, 실제 산대 조작 시에는 산대의 색이나 단면의 모양, 기울임 등으로 양수와 음수를 구별하였다. 특히 음수를 다루면 그에 대한 연산 법칙이 필요하다. 이를 정부술正負術이라 하며, 양수와 음수의 덧셈, 뺄셈에 관한 부호 규칙을 설명해 준다. 정正은 양수, 부負는 음수이다. 『구장산술』에서는 정부술이 방정장에서 함께 다루어지는데, 방정술인 행렬 연산에서 음수가 출현하기 때문이다. 이에 최석정의 『구수략』에서는 방정구결方程口訣이라 하였고, 이상혁은 『익산翼算』의 상권 제목을 정부론正負論이라 붙였다. 정부술의 여덟 개 규칙 중 앞의 두 개를 보면, '동명상제同名相除 이명상익異名相益'이다. 같은 부호는 서로 빼고 다른 부호는 서로 더하라는 규칙으로, 뺄셈 규칙에 해당한다. 여기서 더하고 빼는 대상은 절댓값이다. 동명, 즉 음수와 음수 또는 양수와 양수의 뺄셈은 (절댓값이 큰 수의 부호에) 절댓값을 빼고, 이명, 즉 음수와 양수의 뺄셈은 절댓값을 더하기 때문이다. $(-4)-(-3)=-(4-3)=-1$은 동명상제에 해당하고, $(-4)-(+3)$은 이명상익을 적용하여 $-(4+3)=-7$과 같이 계산한다는 것을 알려 준다.

이렇듯 음수를 계산 대상으로 다루었지만 음수 개념 자체에 대한 인식의 어려움은 서양이나 동양이나 마찬가지였다. 특히 이차방정식을 풀면 해가 두 개지만, 실생활 상황을 통해 문제를 다룬 산학서의 특성상 음수 해를 구하지는 않는다. 길이, 넓이 등 측정값을 구하는 맥락이기 때문에 음수를 구할 필요가 없었다. 음수는 수학적 대상이라기보다 계산 과정 상에서 출현한 것을 처리하는 도구적 수준에서 취급된 것이다. 예를 들어, 『구일집』에서 개방술을 다루는 제6권의 첫 문제는 "정사각형의 넓이가 484자이다. 한 변은 얼마인가?"이다. 전형적이고 기본적인 제곱근 풀이 문제이다. 풀이나 답 모두 22자만을 언급한다.

4
사대부의
수학 공부

박학다식 속 수학 공부하는 폄계를 찾다

조선 후기 성리학 중심의 학문 풍토 속에서 자신의 본업은 아니지만 산학 공부를 즐기고 그 필요성에 대해 인식한 사대부가 있었고, 그들은 수학적 연구 성과를 이루어 수학책을 남기기도 하였다. 학문의 성향상 수학을 좋아한다면 조선 후기 사대부들은 북경에 방문하여 중국이나 서양의 수학 문물을 접하기도 수월하여 중인 산원보다 훨씬 유리한 입장에서 수학 공부를 할 수 있었다. 최석정, 조태구, 황윤석, 홍대용, 남병길 등이다.

최석정崔錫鼎(1646-1715)과 조태구趙泰耉(1660-1723)는 조선 최고의 관직인 영의정까지 오른 문신이다. 나랏일로 매우 바쁜 나날을 보냈지만, 산학을 공부했고 수학책을 저술하여 자신의 수학적 열정과 함께 우리 수학사에 길이 남길 수 있었다. 『구수략九數略』과 『주서관견籌書管見』이다. 황윤석黃胤錫(1729-1791)은 백과사전적 공부를 즐기고 그 성취를 다수의 책으로 남겼다. 문집 이수신편 제21-22, 23권인 『산학입문算學入門』, 『산학본원算學本原』을 통해 전통 수학과 함께 다수의 서양 수학을 인용하여 소개하였다.

그런데 조선 초기 임금을 비롯한 사대부들이 육예六藝의 하나로서 수학에 집중했던 시기도 있었건만, 중기 이후로 조선시대 사대부들은 유교 경전 공부가 생활이었고 산학은 그들의 공부 범위 밖의 분야가 되었다. 조선 후기 규장각검서관을 지낸 이덕무의 손자인 실학자 이규경李圭景(1788-1856)은 수와 성리학에 대한 일반인들의 그릇된 인식을 다음과 같이 언급하였다.

세상의 학문은 매양 수數를 술수로 돌리고 리理를 높이기를 도로써 하는데 대개 하나의 편벽된 견해이다. 수라는 것은 육예의 하나이고 리라는 것은 만물의 근본이니 수가 아니면 리를 볼 수 없고 리가 아니면 수를 밝힐 수 없다. 수는 이와 서로 표리되어 하나의 근원에서 나온 것이니 어찌 소홀히 할 수 있겠는가. [34]

정신적 뿌리를 성리학에 두었던 조선 후기 사대부는 수를 학문이라기보다 술수로 여겨 과학적 기술을 천시하는 경향이 강하였고 따라서 수학 공부를 탐탁하게 여기지 않았던 탓이다. 산학은 중인 산원의 본업이라서 그런지 사대부는 스스로 기꺼이 수학 공부를 즐기면서도 뭔가 해서는 안 될 공부를 하는 양 이유를 대어야 했다는 것이 흥미롭다.

이러한 사회상은 서유구와 유금의 일화에 잘 나타난다. 유금柳琴(1741-1788)은 자칭 거문고를 뜻하는 금琴이라는 이름을 택할 정도로 음악을 좋아하였다. 또한, 특기는 천문, 역산, 수학이었다. 자신의 자字와 호號에 자신이 좋아하는 것들을 듬뿍 담아내었다. 자 '탄소彈素'는 거문고 타는 것을 뜻하며, 호 '기하실幾何室'은 『기하원본』에서 따온 말로, 수학하는 방을 연상시킨다. 음악과 수학에 대한 유금의 태도를 알 수 있으며 특히 후자와 관련해서는 자신의 공부방에 기하실이라는 이름을 지어 편액을 걸어두었다고 전해진다. 『임원경제지』로 유명한 서유구徐有榘(1764-1845)는 『기하실기幾何室記』에서 유금이 정밀한 것을 좋아했고 정밀하게 연구하고 세밀하게 살피는 데 뛰어났다고 기술하였다. 서유구가 유금의 서재 기하실에 들어가 보니 온통 천문, 역산, 수학에 관한 책뿐이었다. 서유구는 자신보다 스물세 살이나 많은 유금과 친구 같은 스승으로 지냈고, 유금의 수학에 대한 의지를 떠보려고 '육예는 도의 끄트머리이고, 수학은 육예 중에서도 끄트머리입니다. 선생님이 공부하고 있는 게 이렇게 별 볼 일 없는 것입니다'[35]라며 유금이 듣기 싫어할 만한 소리를 했다. 이에 대한 유금의 반응은 사회적 분위기 따위 전혀 개의 치 않는다는 꿋꿋한 의지였다.

수학의 실용성에 초점을 맞추어 널리 유용하게 쓰이도록 한다는 뜻을 담은 제목의 『주해수용籌解需用』을 집필한 실학자 홍대용洪大容(1731-1783)은 사대부의 정신적 지주인 공자를 끌어들인다. 공자가 회계 일을 한 적이 있음을 언급하며 산술 없이 어떻게 회계 업무를 설명할 수 있는지 반문하여, 조선 사대부의 정신적 기반인 유교의 원조인 공자도 수학을 공부했건만 이를 사상적 기반으로 하는 사대부들이 수학을 배우지 않는 것은 옳지 않다고 주장하였다.

또한 중인 산원과의 학문적 교류도 마다하지 않았던(4장 '수학 탐구를 위해 신분을 초월하다' 참고) 열린 마음의 소유자 남병길南秉吉(1820-1869)마저 사대부의 수학 공부에 대해서 한마디 덧붙여야 했던가 보다. 『산술관견算術管見』 서문에 다음과 같은 글을 실었다.

수학은 옛적에 성인께서 세상을 다스리시어 이롭게 하는 중요한 방법이다 … 산술은 만사에 실용적인 것이

며 선비들을 위해서도 잠시라고 떨어질 수 없는 것이
다 … 무릇 다함이 없는 것이 수이고 지극히 미묘한 것
이 수이다. 천하의 지극히 고요하고 드문 재능이 아니
면 어찌 공을 세우고 연구하고 민첩하고 슬기롭게 깊
이 밝히어 사람들의 지혜와 사려를 키우고 경계를 바
르게 할 수 있겠는가? 근세의 사대부들은 모두 종횡의
계산을 부끄러워한다. 그것을 하찮게 여기는지 할 수
없는 것인지 모르겠다.

사대부는 모두 종횡의 계산, 즉 가로와 세로로 놓는 산대 계
산으로 비유되는 수학을 부끄러워한다고 직설적으로 말하고
있다. 그런데 이러한 부끄러움이 수학의 중요성을 평가절하하
기 때문인지, 아니면 스스로 수학을 할 역량이 부족하기 때문은
아닌지 하고 물어 사대부의 능력에 대해 의구심을 표현하면서
수학 공부의 정당성을 역설하였다.

수학이 주역과 만나다

최석정崔錫鼎(1646-1715)은 숙종 말기 이조판서, 우의정, 영의

정을 비롯한 최고 관리를 두루 지낼 정도의 고관으로 알려져 있다. 그러나 수학 분야에서도 그의 이름이 등장하는데, 수학사에서 의미 있는 업적을 남겼기 때문에 과학기술정보통신부와 대한수학회가 2021년부터 수학자들을 대상으로 수여하는 상의 이름이 '최석정상'이다. 우리나라 최대 과학전시관인 과천과학관에는 명예의 전당 1인으로 최석정을 선정하고 *3x3* 마방진과 함께 다음과 같이 소개하고 있다.

수학을 통해 우주의 질서를 드러낸 수리철학자

전통수학의 계산법을 주역의 사상체계로 재해석한 수리철학자이다. 수학 연구의 결과를 담은 『구수략』을 편찬하고, 서양 수학의 다양한 계산법과 동양수비학의 마방진을 연구하였다. 그가 제시한 직교라틴방진은 서양의 오일러를 앞섰다는 평가를 받는다.

최석정이 집필한 수학책 『구수략九數略』은 순수 수학책이라기보다 수학을 『주역』의 관점에서 설명한 책이다. 이는 『구수략』 앞부분에 밝힌 인용 서적의 첫째가 『주역』이라는 점에서도 확인된다. 따라서 책에 대한 후세의 평판은 극과 극이다. 『주역』, 특히 사상론四象論을 기준으로 수학의 내용을 구조화한다는 점에서 수학책이라기보다 수리철학책으로 분류하는 것이 더 적절하다고 보는 관점이 그 하나이다. 수학적 관점에서는 기이한 내용이 다수 있지만 수론에 대한 주역 관점의 조망이라는 독창적 구성과 다채로운 마방진을 다룬다는 점을 높이 사는 것이 다른 하나이다. 이와 같이 여느 조선 수학책과 다른 성격을 띤 덕분에 2002년 이후 한국수학사학회가 주관한 조선 수학책의 번역 작업으로 인해 조선 수학에 대한 관심이 싹트기 전부터 『구수략』은 학계나 대중에게 가장 널리 알려져 있었고 호기심을 유발한 책이기도 하다.

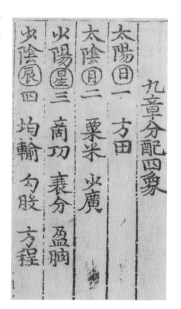

그림 39 『구수략』의 구장분배사상, 서울대학교 규장각한국학연구원 소장

『주역』이 어떤 위상의 것이기에, 수학을 왜『주역』의 관점에서 보았던 것일까?『주역』을 흔히 점괘를 볼 때 근간이 되는 술수의 책이라 말하지만, 유교의 중요한 경전이며 그 내용을 이해하는 것이 어렵다는 것은 조선시대 학자들의 담화나 생각 속에서 여실히 드러난다. 특히 수학에 뛰어났던 정약용丁若鏞(1762-1836)과 이가환李家煥(1742-1801)은 다른 경전에 능통하지만『주역』만은 잘 모르겠다고 한탄했고, 홍길주洪吉周(1786-1841)는 모른다는 것은 어느 정도 아는 수준에서 할 수 있는 말인데『주역』에 대해서는 자신이 모른다고 말할 수 있는 수준에도 이르지 못했음을 고백할 정도였다. 그렇게 어려운 책을 그 자체에 대한 이해를 넘어 수학과 연계하고자 했다는 점에서 최석정의『구수략』집필은 대단히 도발적인 시도라고까지 해석된다. 최석정은 12세 때 이미『주역』을 그림으로 이해할 수 있는 수준에 이르렀다고 한 것을 보면 이해의 경지가 남달랐다고 추측된다.

사상론은 모든 존재의 이치를 태양太陽, 태음太陰, 소양少陽, 소음少陰의 네 가지로 설명하고자 하므로 최석정은 수학 역시 이러한 이치로 설명할 수 있다고 생각하였고, 이를 실천한 결과가『구수략』이다. 당시 수학은 곧『구장산술』로 대변되므로 구장을 사상으로 연계하여 설명하였다. 이를 '구장분배사상九章分配四象'이라 하였다.『구장산술』의 아홉 개 주제 방전, 속미, 소광, 상공, 최분, 영뉵, 균수, 구고, 방정을 사상으로 구별하여 설명하였다. 태양(일日)에 방전을, 태음(월月)에 속미, 소광을, 소양(성星)에 상공, 최분, 영뉵을, 소음(신辰)에 균수, 구고, 방정을 대응시킨다. 대응 원리는 무엇일까? 구장의 순서는 방전, 속미, 최분, 소광, 상공, 균수, 영뉵, 방정, 구고이다. 순서로 보면 최분이 두 칸 뒤로 밀렸고, 균수와 영뉵, 방정과 구고의 위치가 바뀌었으니 순서대로 배치한 것은 아니다. 저자가 밝힌 이유에 따르면 방전은 곱셈이라 태양, 속미는 나눗셈이라 태음이다. 소광은 가장 깊어서 태음이다. 상공, 최분, 영뉵은 곱셈과 나눗셈을 겸하여 음중의 양이 되어 소양이고, 균수, 구고, 방정은 나눗셈과 곱셈을 겸하여 양중의 음이 되어 소음이다. 역시 수학적으로는 도통 이해되지 않는다. 최석정 자신의 사상 개념에 따른 분류이기에 더 이상의 수학적 설명이나 논리적 이해를 시도하기는 어려워 보인다.

『구수략』을 독특한 수학책으로 만드는 또 하나의 특징이 마방진이다. 중국 수학의 근원에는 하도낙서河圖洛書가 있다. 앞서 조선의 방위 개념인 남상방위를 다룰 때도 등장했던 하도낙서는 우왕의 치수 과정 중 황하에서 올라온 거북 등에 새겨진 그림을 말한다. 이 중 낙서가 마방진의 기초라 할 수 있는 3×3방진이다. 『구수략』은 하도낙서로부터 시작하여 사각 배열을 넘

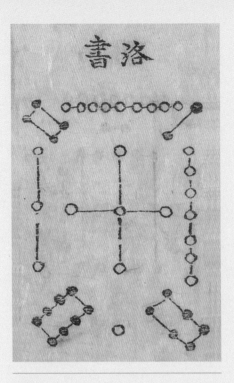

그림 40 『구수략』의 낙서, 서울대학교 규장각한국학연구원
소장

4	9	2
3	5	7
8	1	6

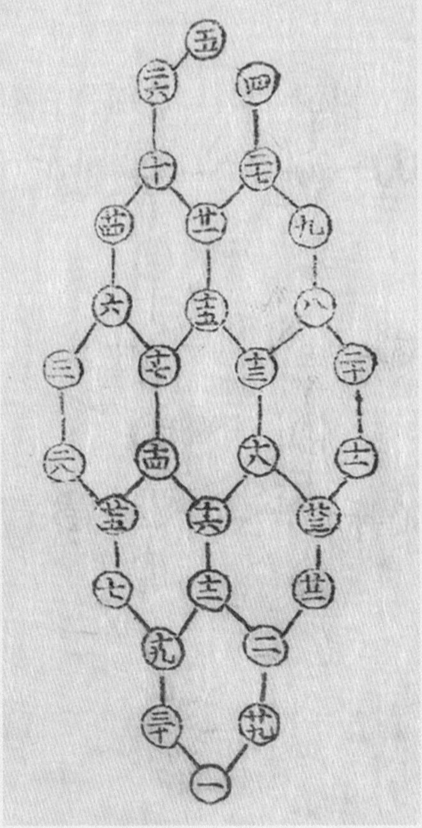

그림 42 『구수략』의 지수귀문도, 서울대학교 규장각한국
학연구원 소장

그림 41 3×3마방진

가로, 세로, 대각선의 합이 각각 15이다

어 다양한 모양의 수 배열 48개를 다루며 특히 유명한 것이 지수귀문도地數龜文圖이다. 이름이 뜻하는 거북 무늬 그림은 육각형 9개가 마름모꼴로 놓인 배열이 마치 거북 무늬를 연상시키는 데서 유래한다. 1부터 30까지의 수를 배열하되 각 육각형의 꼭짓점에 놓인 여섯 개 수의 합이 항상 같도록 배열한다. 각 합을 구해보면 93으로 같다.

수학적 주제를 『주역』과 매칭시킨 것은 수에 의미를 부여하여 신비하게 해석하는 수비학적 경향을 보여 주며 이러한 『구수략』의 성향은 비단 수학책에만 국한된 것은 아니다. 정조 4년 (1780) 4월 7일 기사에는 청나라에 사신으로 다녀온 황인점이 바친 글 속에서 청의 황제가 가장 신임하는 아들 질군왕이 수학에 정통하고 황제의 모든 것을 구수九數로 장만한다고 보고한 것을 볼 수 있다. 예로 든 것이, 사원의 불상 무게까지 구수로 만들어 9×9=81근 또는 8×9=72근으로 하고 예물을 바칠 때도 구수로 하는 것인데, 이를 수학 가운데서 추출한 것이라고 하였다. 측량의 상황에서 양에 대한 과학이 아니라 주술적인 요소를 수학이라고 해석하는 한계가 엿보인다. 한편 박지원의 손자인 조선 말기 문신 박규수朴珪壽(1807-1877)가 옷의 치수를 해석할 때도 마찬가지다. 소매 길이가 5자 5치인 것은 천지의 수가 55이기 때문이고, 윗도리와 아랫도리가 각각 6폭인 것은 1년 중에 양과

음의 달이 각각 6이기 때문이라는 것이다. 『구수략』에도 있듯이, 1, 3, 5, 7, 9는 하늘의 수이고, 2, 4, 6, 8, 10은 땅의 수이며, 1에서 10까지의 합 55가 천지의 수라고 한 것과 일치한다.

그림을 그려서 수학을 설명하다

오늘날 수학은 일종의 언어라고 할 정도로 수학 연구에서 수학적 기호의 위력은 강력하다. 수학적 기호는 수학에 형식성과 추상성을 부여하며, 아울러 간결 명료한 처리를 가능하게 한다. 조선 수학에도 일부 기호가 사용되기는 하지만 오늘날과 같은 수학적 기호나 수식이 사용된 것은 아니기 때문에 산학서는 주로 문장 형식의 텍스트로 표현되어 있다. 게다가 한자의 세로쓰기 형식을 취한다. 내용도 기하보다는 대수가 주를 이루므로 도형 그림조차 잘 보이지 않는 것이 자연스럽다. 그렇기 때문에 내용을 상세히 들여다보지 않아도 다양한 수학 기호로 인해 수학책임을 알 수 있는 오늘날의 수학책과 달리 조선의 산학서는 그것이 수학책인지 알 수 있게 해주는 것이 수 또는 천원술과 같은 고차식의 표현을 위한 산대 배열 정도이다. 그 외에 수학적 이해를 돕기 위해 첨부된 도형 및 시각적 표현이 있는 몇 권의 수학책이 있다. 대표적인 수학책이『유씨구고술요도해劉氏勾股述要圖解』,『측량도해測量圖解』이다. 책의 제목에서 눈에 띄는 '도해圖解'라는 용어로부터 책의 특징을 미루어 짐작할 수 있는데, 저자 남병길南秉吉(1820-1869)은 책의 집필 의도를 다음과 같이 설명한다.

> 이에 그림을 사용하여 설명하니 사람들이 깨닫기 쉽게
> 했다. 그것을 붙여서 인쇄하니 비록 유씨의 뜻을 밝히
> 는 데는 부족하지만 함께 즐거워하고자 한다.
>
> -『유씨구고술요도해』

교육적 관점에서 그림과 같은 시각적 표현은 문제의 정보를 구조적으로 보여 주어 해법의 발견과 이해를 독려하는 이점이 있다. 이는 수학자 스스로 문제의 해법이나 원리를 발견하는 맥락에서 유용하고, 따라서 학습자가 쉽게 이해할 수 있도록 설명하는 교육 방법으로 이용될 수 있다. 남병길이 도해적 추론을 이용하여 책을 저술한 의도는 후자에 가깝다.

구고술句股術은 직각삼각형을 뜻하는 구고의 여러 변인을 변화시켜 가며 고차방정식을 세워 푸는 조선 수학의 전형적인 계산 방법이다. 한 가지 예를 보자. 직각삼각형의 세 변의 길이를

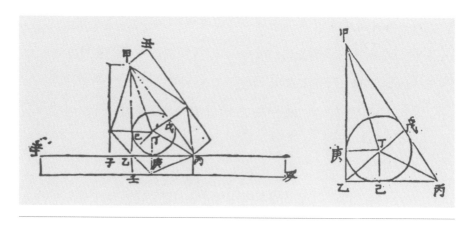

그림 43 『유씨구고술요도해』의 한 문제에 대한 해법과 별해를 위한 도해, 한국학중앙연구원 장서각 제공

알 때 내접하는 원의 지름을 구하는 문제이다. 그 해법은 단 한
줄로 표현된다. 직각을 낀 두 변을 곱하여 2배 한 것을 세 변의
합으로 나누면 된다. 수학은 구하는 방법도 중요하지만 왜 그렇
게 되는지 그 이유를 아는 것이 더 중요하다. 한 줄로 적은 해법
을 설명하기 위해 이용된 그림이 【그림 43】이다.

　도형을 지칭하기 위해 꼭짓점에 붙이는 기호는 오늘날의
ㄱ, ㄴ이나 A, B 대신 甲, 乙이다. 십간십이지十干十二支를 이용
한 것이다. 위의 한 줄 해법을 왼쪽 그림을 이용하여 표현하면
$\frac{2 \times 甲乙 \times 乙丙}{甲乙 + 乙丙 + 丙甲}$이다. 주어진 직각삼각형을 내접원의 반지름을 높이
로 하는 세 삼각형 甲乙丁, 乙丁丙, 丙丁甲으로 분할하여 생각
하면, 직각삼각형의 세 변의 길이의 합을 가로, 반지름을 세로

로 하는 직사각형 辛癸의 넓이가 주어진 직각삼각형의 넓이의 2배와 같음을 알 수 있다. 직사각형 甲子, 丙壬, 丙丑이 각각 삼각형 甲乙丁, 乙丁丙, 丙丁甲의 2배이며, 세 직사각형의 합이 직사각형 辛癸이기 때문이다. 따라서 직각삼각형의 넓이의 2배인 직각을 낀 두 변 구와 고의 곱이 세 변의 합과 반지름의 곱이므로, 직각을 낀 두 변을 곱하여 세 변의 합으로 나누면 반지름을 얻는다. 문제는 지름을 구하는 것이므로 해법처럼 2배를 해야 한다.

그런데 이 문제의 별해는 더 간단하다. 직각을 낀 두 변을 더하여 빗변을 빼면 된다. (구+고-현)이다. 이 풀이는 오른쪽 그림에서 보이는 세 쌍의 합동인 삼각형 甲丁庚과 甲丁戊, 乙丁庚과 乙丁己, 丙丁己와 丙丁戊에서 비롯된다. 합동인 삼각형은 대응변의 길이가 같으므로 구와 고의 합에서 현을 빼면, 즉 (甲庚+庚乙)+(丙己+乙己)에서 (甲戊+丙戊)를 빼면 庚乙과 乙己만 남게 되고 각각이 내접원의 반지름과 같으므로 합이 곧 지름이다.

조태구趙泰耉의 『주서관견籌書管見』 역시 도해를 십분 이용한 수학책이다. 『구장산술』의 전통적인 산술적 풀이와 함께 서양 수학의 이치를 명확하게 설명하기 위해 다이어그램을 활용하였고, 그러한 의도를 다음과 같이 피력한다.

사람들이 쉽게 이해하도록 설명하려 했지만 불가피하게 번잡하게 설명하였다. 수로 미진하면 그림을 그렸으니 그 중복을 꺼리지 않거나 또는 처음 배워서 방향을 잡지 못하는 사람은 내 설명을 듣고 기억해야 한다. 그러면 발전할 뿐만 아니라 새겨서 밝고 높은 경지에 이를 것이다.

또한 초학도가 그 티끌만 얻고 이치는 알지 못할까 두려워하여, 즉 행하면서도 모두 익히지 못하고 살피지 못할까 염려하여 구장문답을 짓고 도해로 설명하여 그 각각의 뒤에 붙이고 주서관견이라고 하였다.

조태구가 수학책에 그림을 넣은 이유가 확인된다. 수만으로는 독자가 이해하지 못할 수도 있다고 염려했기 때문이다. 수로 하는 설명과 그림으로 하는 설명이 중복되어 번잡한 설명이 될 우려가 있지만, 초학자들의 발전을 위해서는 유익할 것이라는 저자의 기대를 읽어 낼 수 있다. 또한 티끌만 얻고 이치를 알지 못한다는 비유를 통해 정당화 없이 문제와 해법만 주어지기 때문에 수학의 본질적인 이해를 어렵게 하는 전통 수학의 한계를 밝히면서 이를 극복하기 위한 방법으로 도해를 택하였음을 말하고 있다. 도해를 이용해서 내용을 설명하는 자신의 책 구성 방식이 타당함을 밝힌 것이다.

수학 탐구를 위해 신분을 초월하다

도해를 써서 독자의 이해를 돕고자 하는 교육적 마인드를 지닌 남병길에 대해 또 하나 주목해야 할 사실은 현대적 의미의 공동 연구 방법을 택했으며 그 공동연구자가 중인 산원이라는 점이다. 앞서 보았듯이 사대부가 수학 공부를 할 때 뭔가 변명거리를 늘어놓아야 했음을 생각할 때, 자신과 신분이 다른 중인 산원을 공동연구자로 택한 것이 시대적으로 쉬운 일은 아니었을 것 같다. 이러한 현실에 대해 연암 박지원朴趾源(1737-1805) 역시 다음과 같이 적고 있다.

> 다만 처지가 다를 뿐이건만 차등을 두어 신분을 비교하는 것은 중국인과 오랑캐의 구별보다 더 엄격하다. 입장이 드러나는 것을 꺼려 서로 이름을 들으면서도 알려고 하지 않으며, 신분의 위계에 얽매여 서로 교류를 하면서도 벗으로 삼지 못한다.[36]

그러나 남병길에게 공동연구자의 선택 기준은 신분이 아니라 수학적 능력이었다. 상대는 산원 이상혁이다. 천문 관련 업무를 담당했던 관청인 관상감觀象監 관리였던 남병길은 산원 이상혁의 탁월한 능력을 단번에 알아챘을 것이다.

이상혁은 수학적 재능이 뛰어났고 집필 방식을 기존의 산학서 구성 방식이 아닌 이론서와 같은 양식으로 과감하게 바꾸어 수학책을 저술한 수학자이다. 경선징, 홍정하가 집필한 수학책의 내용이 산원이 되고자 하는 사람들에게 필수인 것으로 간주되는 성질의 것이었지만 형식면에서는 문제-답-풀이 설명의 전통 수학책의 문제집 양식을 따랐던 반면 이상혁의 책 『익산翼算』은 구성 형식이 전혀 다르다. 오늘날처럼 이론을 설명하고 그에 대한 예를 덧붙이는 방식이다. 또한 내용 면에서도 『구장산술』의 아홉 개 주제를 담는 것이 아니라 수열의 합을 일컫는 급수론을 이론화한 것이며, 그 수준 또한 당시 다른 수학책에 비할 바 아니다. 이와 같은 이상혁의 수학적 능력을 남병길은 꿰뚫어 보았고, 따라서 두 사람이 함께 수학적 담론을 펼치고 학문적으로 교류하였다는 증거가 다수 있다. 예를 들면, 남병길은 『유씨구고술요도해』의 서문에서 그 책의 원본인 『구고술요』를 입수하게 된 경위에 대해 밝히면서 이상혁이 어느 집에 있다고 알려 주어 소개를 받아 구해 볼 수 있었다고 기술하였다. 연구 자료를 공유하는 것은 공동연구자의 필수 덕목에 해당한다. 또한 남병길이 발명한 천문기기 양도의를 설명한 책 『양도의도설量度儀圖說』에는 "남원상[37]이 쓰고 이상혁이 교정을 보았다"라고 기록하여 주저자와 공동연구자의 역할 분담이 명료하게 나타난다.

뿐만 아니라 두 사람은 책을 집필하고 나서 서문을 서로 바

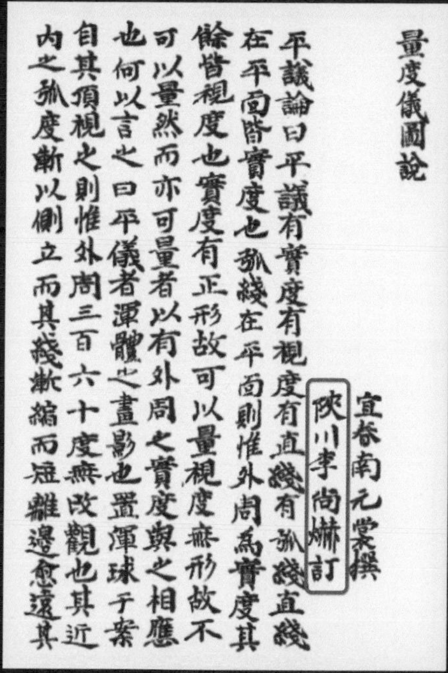
量度儀圖說

宜春南元裳撰
陜川李尚爀訂

平議論曰平議有實度有視度有直綫有弧綫直綫在平面皆實度也弧綫在平面則惟外周爲實度其餘皆視度也實度有正形故可以量視度無形故不可以量然而亦可量者以有外周之實度與之相應也何以言之曰平儀者渾體之畫影也置渾球于案自其頂視之則惟外周三百六十度無改觀也其近內之弧度漸以側立而其綫漸縮而短離邊愈遠其

그림 44 『양도의도설』, 한국학중앙연구원 장서각 소장

도입부에는 이상혁이 교정본 것을 적어놓았다

꾸어 써 주기도 하였다. 남병길은 이상혁의 대표 저서인 『익산翼算』과 『산술관견算術管見』의 서문을 직접 써 주었다. 책의 서문에는 본격적인 집필에 들어가기에 앞서 저자가 책을 집필하게 된 동기에서부터 책의 의미, 집필 의도 등 저자의 심중을 담게 된다. 그래서 독자는 책을 제대로 이해하기 위해 보통 서문부터 읽기 시작한다. 그러한 서문 작성을 저자가 타인에게 맡겼다는

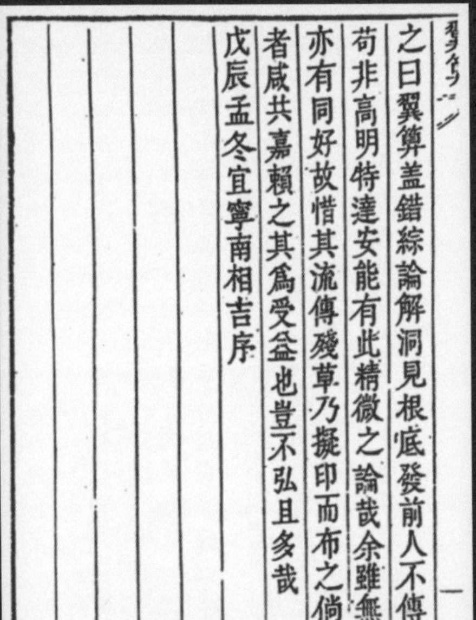

之曰翼筭盖錯綜論解洞見根底發前人不傳之秘
苟非高明特達安能有此精微之論哉余雖無獨見
亦有同好故惜其流傳殘草乃擬印而布之倘令學
者咸共嘉賴之其爲受益也豈不弘且多哉
戊辰孟冬宜寧南相吉序

그림 45 『익산』, 국립중앙도서관 소장

『익산』의 서문에서 남상길이 쓴 서문임을 밝힌다(南相吉 序)

것은 두 사람이 서로의 수학적 생각을 공유한다고 확신할 수 있는 연구 파트너였기 때문에 가능했을 것이다. 실제로 『산술관견』 서문에서 "나와 이군은 이 책을 매우 귀하게 여기고 마침내 찍어 배포함으로써 동지임을 밝힌다"라고 표현하여 두 사람이 신분을 개의치 않은 학문적 동지였음을 확인시켜 주며, 집필 자체도 공동으로 이루어졌음을 추론하기에 부족함이 없다.

또한 저자 이상혁에 대한 남병길의 높은 평가가 거리낌 없이 표현된다.

> 이군의 대범한 지혜와 월등하게 뛰어남은 모든 것을
> 주의해서 보고 반드시 그 원천을 탐구한 뒤에야 그치
> 니, 진실로 천문 수학에 천부적인 재능이 있어서 이처
> 럼 깊은 깨달음이 있는 것이다
>
> — 『산술관견』

그럼 반대로 이상혁은 남병길의 책 서문을 써 주었을까? 물론이다. 이상혁은 앞서 말한 남병길의 책 『양도의도설』을 교정보았을 뿐만 아니라 서문을 작성하였다. 서문에서 "이상혁이 삼가 서문을 쓴다(謹序)"라고 하였다. 조심스럽고 정중한 마음으로 쓴다는 표현은 자신보다 신분이 높은 사대부의 책이기에 첨

언되었을 것으로 보인다. 한편 『측량도해』의 서문 역시 이상혁이 작성한 것으로 추측된다. 서문 말미에 적힌 작성자의 이름이 덧칠해서 지워진 채로 남아 있다. 본관과 이름에 해당하는 다섯 글자를 가린 것이다. 확언할 수는 없지만 서문의 내용이나 지워진 글자 밑에 적힌 '삼가 서문을 쓴다(謹序)'라는 표현 역시 『양도의도설』과 동일하여, 가려진 다섯 글자가 '합천 이상혁陝川 李尙爀'으로 읽힌다. 언제 왜 누구에 의해 지워졌을지 모르지만 중인 산원이 사대부의 책에 서문을 쓰는 것이 영 불편했던 시대적 상황의 산물일 것으로 추측해 본다.

『구일집』 잡록에 기록된 대로 홍정하가 하국주를 통해 서양 수학책을 구하려고 애썼듯이 중인 산원에게 서양 수학을 접할 기회는 별로 없었다고 추측하는 것이 타당하다. 그런데 이상혁이 저술한 수학책에는 서양 수학이 종종 등장한다. 『산술관견』에 담긴 삼각비나 『차근방몽구』의 차근방비례借根方比例가 대표적이다. 오늘날에는 삼각형의 변과 변 사이의 비로 정의되는 삼각비가 원을 자르는 선분으로 정의되어, 그 이름이 할원술割圓術이다. 더욱이 8개라서 할원팔선割圓八線이다. 정현正弦이 사인($r\sin\theta$), 여현餘弦이 코사인($r\cos\theta$)에 대응한다. 한편 차근방借根方이란 수학의 한 분야인 대수를 뜻한다. 이상혁의 서문을 그대로 인용해 보면, 차근방은 서양의 산술로서 본명 '아이열팔달阿

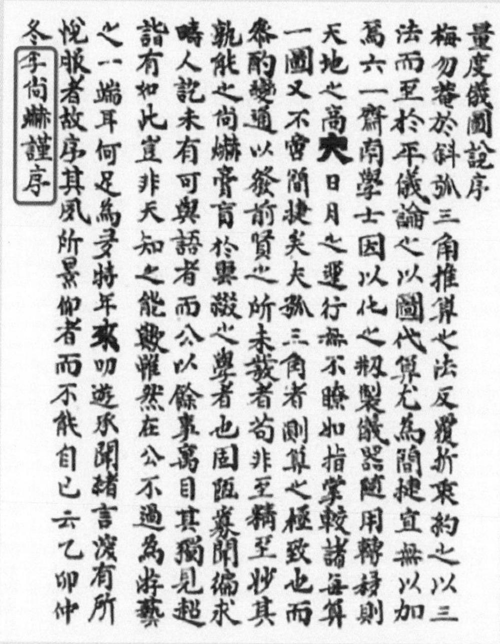
量度儀圖說序
梅勿菴於斜弧三角推算之法反覆折衷約之以三
法而至於平儀論之以圖代算尤爲簡捷宜無以加
焉六一齋南學士因以化之擬製儀器隨用轉移則
天地之高大日月之運行無不瞭如指掌較諸無算
一圖又不啻簡捷矣夫弧三角者測算之極致也而
參酌變通以發前賢之所未發者苟非至精至妙其
孰能之尙爀膏肓於槧鐵之學者也固陋寡聞儒求
畸人說未有可與語者而公以餘事寓目其獨見超
詣有如此寔非天知之能歟雖然在公不過爲游藝
之一端耳何足爲多特年來叨遊承聞緖言深有所
悅服者故序其夙所景仰者而不能自已云乙卯仲
冬李尙爀謹序

그림 46 『양도의도설』, 한국학중앙연구원 장서각 소장

서문을 이상혁이 쓴 것을 알 수 있다

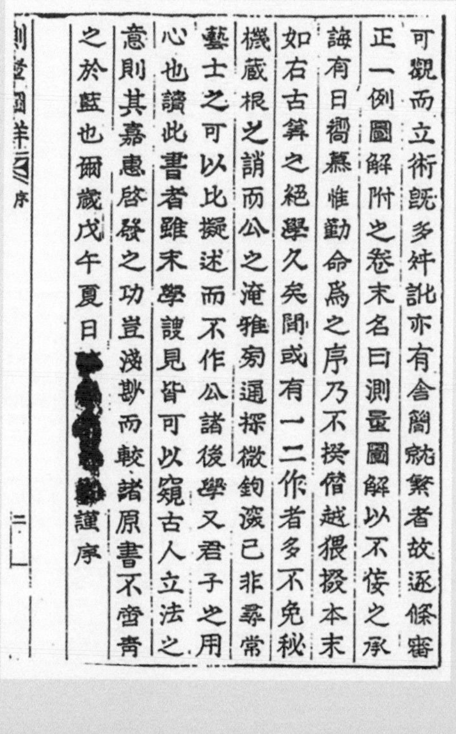
可覩而立術旣多舛訛亦有含糊就繁者故逐條審
正一例圖解附之卷末名曰測量圖解以不佞之承
誨有日獨蒸惟勤命爲之序乃不揆僭越猥綴本末
如右古算之絕學久矣間或有一二作者多不免秘
機藏根之誚而公之淹雅剏通探微鉤深已非尋常
藝士之可以比擬述而不作公諸後學又君子之用
心也讀此書者雖末學謏見皆可以窺古人立法之
意則其嘉惠啓發之功豈淺尠而較諸原書不啻靑
之於藍也爾歲戊午夏日[redacted]謹序
測量圖解 序
二

그림 47 『측량도해』, 국립중앙도서관 소장

『측량도해』의 서문에 가려진 작성자 이름은 이상혁으로 추측된다

爾熱八達'을 번역한 말이다. 대수 알제브라algebra의 소리만 빌려 한자로 표현한 아이열팔달을 차근방이라 한 것이므로 결국 차근방은 대수이다. 이상혁은 사대부와 공동 연구한 덕분에 서양 수학을 접하고 연구할 기회를 얻을 수 있었다.

'방정식'의 유래

전통 수학인 천원술, 서양 수학인 차근방술이 의미하는 방정식 표현 및 해법은 오늘날에도 대수를 특징짓는 핵심 개념이다. 그러나 방정식이라는 용어 자체는 중국의 『구장산술』에서 유래한다.

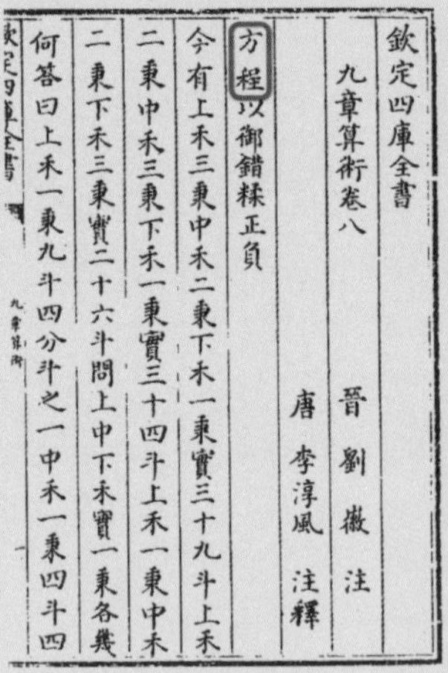
欽定四庫全書
九章算術卷八
晉 劉徽 注
唐 李淳風 注釋
方程以御錯糅正負
今有上禾三秉中禾二秉下禾一秉實三十九斗上禾
二秉中禾三秉下禾一秉實三十四斗上禾一秉中禾
二秉下禾三秉實二十六斗問上中下禾實一秉各幾
何荅曰上禾一秉九斗四分斗之一中禾一秉四斗四

그림 48 『구장산술』의 방정

중학교에 입학해서 배우는 수학을 어렵게 만드는 것 중 하나가

문자의 사용이다. 초등학교 때는 숫자로 표기된 수만 다루었는데 중학교 수학에는 x, y와 같은 미지수 또는 변수가 등장한다. 중학교에 갓 입학한 새내기에게는 그러한 문자를 이용한 식 표현이 꽤 낯설었던 경험이 있을 것이다. 수학 교과서의 몇 개 단원을 차지하는 중요한 수학적 도구인 방정식, 그 의미와 어원은 무엇일까? 대상의 이름은 그 대상을 연상지을 수 있다면 금상첨화이겠는데, 아쉽게도 미지수의 값에 따라 참이 되기도 거짓이 되기도 하는 식이라는 교과서 정의는 방정식이라는 용어와 어떻게 연결되는지 전혀 감이 오지 않는다. 수학사에서의 발생 내막을 알지 못하면 왜 그러한 이름이 붙었는지 파악하기 어렵다. 방정方程은 중국 수학의 가장 근본이 된 『구장산술』의 제8장 제목이다. 네모 방方과 헤아릴 정程이라는 한자의 의미로부터 추론할 수 있듯이 수를 네모 모양으로 늘어놓고 헤아려서 해를 구하는 방법을 말한다. 오늘날 미지수가 2개 이상인 연립방정식의 계수를 행렬로 배열하고 행렬 계산에 의해 해를 구하는 연립방정식의 해법에 해당한다. 서양식으로 가우스-요르단Gauss-Jordan 방법이라 일컫는다. 오늘날 방정식이라는 용어가 여기서 유래하며, 중국 및 조선 산학에서 방정은 오늘날 우리가 사용하는 방정식보다 훨씬 협의의 의미였음을 알 수 있다.

조선의 융합 인재, 수학 공부를 하며 풍류를 즐기다

조선에서 음악은 단지 여가를 즐기는 풍류이기 이전에 나라의 의례를 확립하는 중요한 위상을 차지하였다. 또한 도량형을 표준화하기 위한 기준을 형성하는 근거가 되었다. 이 기준에 황종관이 있고 『한서』「율력지」로부터 비롯되는 기준은 조선에도 그대로 이어졌다. 세종은 도량형을 정하는 일을 문신이자 음률가인 박연朴堧에게 맡기었고, 그 업무는 해주의 검은 기장 큰 것과 작은 것의 중간치를 밀랍으로 본떠 만들어 쌓아 용량을 헤아려 임금에게 재가를 받는 방식을 따랐다. 이렇게 기장 90알의 길이로써 황종관을 정하였고, 그 길이가 9치 곧 90분이다. 그리고 단면인 원의 넓이가 9분[38]이라서 부피는 810분이라 하였다. 이는 계산하여 산출한 부피이고, 경험적으로는 밀랍으로 기장 낱알 1,200개를 만들어서 관 속에 넣으니 딱 들어맞았다고 실록에 전해진다. 대나무를 기장 90개를 나열한 길이만큼 잘라 1,200개가 들어갈 만큼의 굵기가 되도록 원기둥 모양으로 뚫으면 황종관이 완성되는 것이다.

도량형의 기준은 정확하고 일정해야 하는데, 상식적으로 생각해도 기장이란 곡식의 허실이 지역에 따라 다르고 일조량, 강수량 등 기후 사정에 따라 해마다 다를 것이기 때문에 기준이 될 수 있는지 의아하다. 중간치라는 크기 역시 모호하다. 그래서 중국과 유사하다는 황해도 해주의 기장을 이용한다고 했지만, 여전히 어느 해는 흉작으로 낱알이 작아 관이 짧아져서 소리가 높아지는 현상이 일어나기도 하였다.

토지가 기름지고 메마름이 있어 기장의 크고 작음이

있으므로, 성음聲音의 높낮이가 시대마다 각각 다르다

－『세종실록』권59, 세종 15년(1433), 1월 1일 기사

명종 대에도 기장은 대소의 차이가 있어서 율관을 정하기
어려운 이유로 꼽혔다.[39] 그러나 이렇듯 도량형의 기준으로 삼
은 황종관은 음의 생성에서도 기준이 되었다. 황종음을 기준으
로 하여 12개의 음을 만들어 내었고, 이 생성 원리를 삼분손익
三分損益이라 한다. 『세종실록』권36, 세종 9년(1427), 5월 15일 기
사에서 "삼분三分으로 덜고 더하여 12율관律管을 만들고"와 같이
설명된 원리다. 삼분손익은 음의 높낮이를 정하는 데 비의 개념
이 적용된다는 점에서 서양 음계인 피타고라스 음계와 공통점
이 있다. 한편 한 옥타브의 음계가 각각 12개, 7개의 음으로 정
해지는 것과 동양은 관管의 길이, 서양은 현弦의 길이에 따라 정
한다는 차이점이 있다. 여하튼 음계를 정하는 데 수학적 원리가
필수라는 점은 분명하다. 『구일집』의 잡록에는 홍정하와 하국
주의 담론 외에 잡다한 수학 관련 주제들이 다루어지는데, 그중
하나가 율려격팔상생도律呂隔八相生圖이다.

이 그림에는 삼분손익법에 따른 음계의 이름과 생성 원리가
적혀 있다. 도량형의 기본으로 삼은 황종관에서 시작하며, 해당

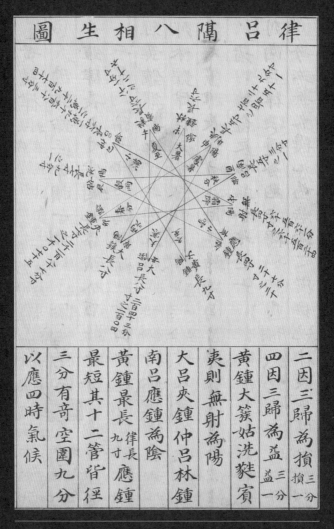

律呂隔八相生圖

以應四時氣候	三分有奇空圍九分	最短其十二管皆徑	黃鍾最長 律長九寸 應鍾	南呂應鍾爲陰	大呂夾鍾仲呂林鍾	夷則無射爲陽	黃鍾大簇姑洗蕤賓	四因三歸爲益 益三分一	二因三歸爲損 損三分一

그림 49 『구일집』 잡록의 율여격팔상생도, 서울대학교 규장각한국학연구원 소장

관의 길이를 삼등분하여 그 하나를 빼거나 더하여 다음 음을 내는 관을 얻는다. 기본음인 황종관은 9치이므로 $\frac{1}{3}$을 빼는 삼분손일의 방법으로 임종을 얻는다. 즉 임종의 길이는 $9-(9\times\frac{1}{3})$, 즉 $\frac{2}{3}$배 하여 구한 6이다. 다음 음은 태주인데, 임종 6에 그 $\frac{1}{3}$을 더하는 삼분익일, 즉 $6+(6\times\frac{1}{3})=6\times\frac{4}{3}$로 계산하여 8을 얻는다. 삼분손일과 삼분익일을 교대로 하되 제8음(대려)을 얻을 때는 연이어 삼분익일한다. 삼분손일을 하게 되면 관의 길이가 기준음인 황종의 반보다 짧아지므로 삼분손일($\frac{2}{3}$배) 대신 한 옥타브 아래의 삼분손일($\frac{2}{3}\times2$)로 대체, 곧 삼분익일($\frac{4}{3}$배)을 한 것이다. 이런 식으로 음이 생성되는 순서는

황종-임종-태주-남려-고선-응종-유빈-대려-이칙-
협종-무역-중려

이다. 이 12개 관이 한 세트가 되어 12음을 낼 수 있고 관의 길이 순서대로 배열하면 곧 음의 높이 순서를 알 수 있다. 가장 긴 관인 황종을 기준으로 하여

황종-대려-태주-협종-고선-중려-유빈-임종-이칙-
남려-무역-응종

의 순이다. 황종이 가장 길고 응종이 가장 짧다. 그림 이름
에 담긴 '격팔隔八'은 생성 순서상 한 음 다음에 생성되는 음이
높낮이로 앞의 것에서부터 제8음이라는 의미를 지닌다. 황종
다음에 생성되는 임종은 음의 높이가 황종으로부터 여덟째, 그
다음 생성되는 태주는 임종으로부터 여덟째인 식이다.

한편 음계에도 음양陰陽의 원리가 적용되어 율여격팔상생도

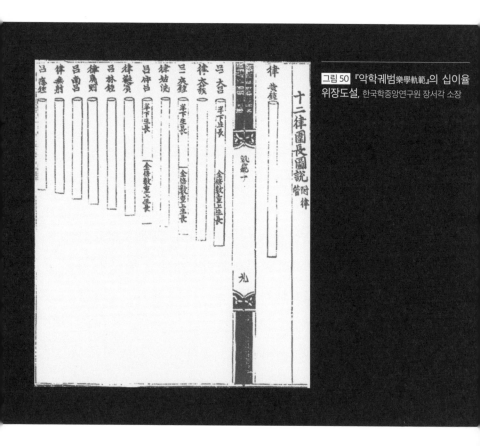

그림 50 『악학궤범樂學軌範』의 십이율
위장도설, 한국학중앙연구원 장서각 소장

의 아랫 부분 설명에서 보듯이, 황종, 태주, 고선, 유빈, 이칙, 무역은 홀수 번째 음이라 양의 소리이고 대려, 협종, 중려, 임종, 남려, 응종은 짝수 번째 음이라 음의 소리라 하였다.[40] 12음을 전자인 6율律과 후자인 6여呂로 구분한 것이고, 이제 그림의 제목을 완벽하게 이해할 수 있다.

예로부터 수학에 뛰어난 사람들이 음악을 즐겼다는 흔적은 조선에도 남아 있다. 대표적인 인물이 홍대용洪大容(1731-1783)이다. 홍대용은 최석정과 함께 국립과천과학관 명예의 전당에 선정된 인물이다. 자신의 문집 담헌서湛軒書 중 한 권인 『주해수용』에 수학을 담았다. 홍대용의 음악적 소양을 보여 주는 에피소드 중 몇 가지를 살펴보자. 하나는 벗 박지원이 『연암집燕巖集』에서 '여름밤의 음악회夏夜讌記'라는 글로 묘사한 것이다. 봄이 머무는 언덕을 뜻하는 유춘오留春塢라고 명명한 거처에서 음악회를 연 홍대용은 네댓 명의 친구들과 함께 악기를 연주하기도 하고 연주를 감상하기도 한다. 홍대용이 주로 담당한 악기는 거문고와 비파였다. 『연암집』의 또 다른 글에는 "조그만 서양 거문고(철현금)를 새로 배워 피곤해지면 두어 가락 타기도 했다"[41] 라고 썼다. 전통 악기는 물론 서양의 악기도 어렵지 않게 배운 것을 보면 홍대용은 음악적 감각이 매우 뛰어났음이 분명하다. 이를 뒷받침할 일화가 또 하나 있다. 북경에서의 일이다.

洪高士大容

그림 51 엄성, 〈홍대용 초상화〉, 실학
박물관 소장

　홍대용은 1765년 숙부인 홍억洪檍의 군관으로 동행하여 청
나라를 방문할 기회를 얻는다. 당시 북경에는 이미 서양 문물이
만연하였고, 북경의 한 성당에 들른 홍대용은 파이프오르간을
접하게 되었다. 생전 처음 보는 악기였지만 파이프와 건반 사이
의 구조로부터 음의 생성 원리를 파악하여 자신이 이미 알고 있
는 악기에 빗대어 설명하였다. 이를 본 선교사들이 홍대용은 사
전에 그 성당을 다녀간 적이 있는 것 같다고 한 것을 보면 홍대
용의 천부적인 음악적 소질을 충분히 짐작할 수 있다. 이때 만

난 서양 선교사가 할러슈타인(중국명 유송령劉松齡)과 고가이슬(중국명 포우관鮑友官)이고 당시 청에 들어온 선교사들이 사용한 포교 전략인 과학 문물을 고려할 때 그들 역시 수학에 통달한 자였다. 그들에게 수학을 배우고 싶은 마음을 거듭 전한 홍대용은 수학에 대해 문답할 기회를 얻기도 하였다.

홍대용이 서양 수학을 배우고자 방문한 곳은 성당만이 아니다. 당시 북경의 유리창琉璃廠이라는 지역은 책방이 즐비한 번화가로, 청나라의 지식인들을 만나 지식을 나누고 새로운 책이나 문물을 구할 수 있던 명소이다. 홍대용은 유리창을 방문하여 항주에서 유학 온 육비, 엄성, 반정균 세 벗을 만나는 행운을 얻는다. 진정 좋아하게 되어 점점 친밀해지고 우정이 형제의 의리가될 정도로 마음을 다해 가까이 지내게 되었다고 표현할 정도의 친구가 되었다. 그중 훗날 서로 서신을 교환하며 홍대용의 초상화까지 그려 준 친구가 엄성이다. 현존하는 조선의 여느 초상화와는 다른 분위기이다. 전문 화가가 아닌 서양인 친구가 그려 준 그림이다. 두 사람의 우정이 얼마나 유명했던 것인지는 『연암집』에도 나타나 있다. 박지원은 홍대용이 이웃의 친구가 아닌 멀리 있는 친구를 그렇게 극진히 생각하는 것에 대해 못마땅하게 여기고 있었다. 둘이 담화를 나누던 중, 홍대용이 세 벗과 이야기한 것을 모아 쓴 책을 박지원에게 보여 주고 서문을 써달

라고 한다. 박지원은 책을 읽고 나서 감탄하여 홍대용이 누구를
벗하는지, 않는지를 관찰하여 벗을 사귀겠다고, 사귀는 법을 알
았다고 할 정도였다.

임금의
수학 공부

임금도 수학 공부에 열심을 보여야 한다

임금의 주요 할 일이 공부였으므로 공부하기를 싫어하는 임금이라면 임금 노릇이 얼마나 힘들었을지 짐작된다. 다행히 세종은 공부가 적성에 딱 맞았던 학구파 임금이다. 아플 때도, 밥먹을 때도, 밤중까지도 독서를 즐긴 탓에 자식의 건강을 염려한 아버지 태종은 책을 감추도록 지시했다고 하니 세종의 독서벽은 실로 대단하다. 독서로 인해 세종 말년에는 눈이 안 보이게되었다는 기록이 전해질 정도였다. 세종의 공부 과목에는 수학도 포함된다. 임금의 공부 시간을 경연經筵이라 하는데, 세종에게 수학을 가르친 스승은 누구이고 교재는 무엇이었을까?

임금이 계몽산啓蒙算을 배우는데, 부제학 정인지鄭麟趾
가 들어와서 모시고 질문을 기다리고 있으니, 임금이
말하기를, '산수算數를 배우는 것이 임금에게는 필요가
없을 듯하나, 이것도 성인이 제정한 것이므로 나는 이
것을 알고자 한다.' 하였다.

－『세종실록』권50, 세종 12년(1430), 10월 23일

　실록에서 전해주는 세종의 수학 선생님은 정인지이고 수학
교재는 『산학계몽』이다. 정인지의 수학 실력에 대해서는 달리
알려진 바 없지만, 이 기사는 산학 취재 과목 중 하나인 계몽산
에 대해 경연을 이끌 정도의 실력을 보장하고 있다. 세종이 생
각하기에 임금이 수학을 공부하는 목적은 중인 산원의 실용적
목적과는 차이가 있다. 성인이 제정했기 때문이라는 관습적, 도
야적 목적을 크게 의식한 것으로 보인다. 성인이 정한 것이므로
임금도 수학 공부를 해야만 한다는 정당성을 부여하였고, 세종
은 자녀교육에서도 수학을 빠뜨리지 않았다. 실록에 따르면 세
조는 다섯 살에 『효경孝經』을 외운 것을 비롯하여 문학, 활쏘기,
말타기, 역학, 산학, 음률, 의술, 점, 기예 등 많은 분야에 뛰어나
서 세종이 기특히 여겼다고 한다. 각 분야의 묘를 다하기 위해
힘썼고, 그 안에 산학이 포함된 것을 볼 수 있다.

세종의 수학적 역량은 한글 창제의 원리에도 스며들어 나타난다. 한글 창제에 깃들인 수학적 원리에 대해서는 이미 연구된 바 있다.[42] 여기서 주목하려는 것은 세종의 수학적 역량 중 조합적 사고이다. 조합적 사고란 가능한 경우를 논리적으로 세어 보는 사고로, 일상생활에서 선택을 해야 할 때 수시로 의존하는 사고이다. 예를 들어, 휴양지로 여행을 가는데 교통편이 2종류(A, B), 숙박편이 3종류(1, 2, 3)라면, 내가 선택할 가능성은 (A, 1), (A, 2), (A, 3), (B, 1), (B, 2), (B, 3)의 6가지이고 그중 하나를 택해야 한다. 한글은 한자와 달리 자음과 모음이 초, 중, 종성으로 한 글자를 조성하므로 각 자리에 어떤 자음이나 모음이 오는지를 선택하는 조합적 원리를 따른다.

> 글자는 비록 요약하지만 전환하는 것이 무궁하니, 이
> 것이 훈민정음이다
>
> ─『세종실록』권102, 세종 25년(1443), 12월 30일

한글의 낱자는 간단한데, 조성 원리인 초성+중성+종성에 따라 자음+모음+자음의 조합이 이루어져야 하고 훈민정음의 글자 수는 자음 17개, 모음 11개이지만 오늘날 자음 14개, 모음 10개로 생각하면, 이를 조합하여 얻는 음절의 개수는

*14×10×14=1960*개다. 여기서 끝이 아니다. 자모음 24개는 기본음이고 복합자음 5개, 복합모음 11개를 합하면 40개로, 만들 수 있는 글자 수는 더 많아진다. 게다가 종성 자음이 생략될 수도 있고 받침으로만 가능한 복합자음 ㄶ, ㄹ 등까지 고려해야하니 그 수를 헤아리기 쉽지 않다. 이렇게 만들어진 음절이 의미가 담긴 단어를 조성하기 위해 다시 조합되어야 하니, 위 실록 기사에서 무궁하다고 표현한 전환의 수가 과장이 아니다. 한글의 '한'이 뜻하는 '큰'과도 통하는 특성이다. 백성을 위한 글자를 만들면서 품었던 이와 같은 발상의 근본에는 세종의 다독에서 비롯된 학문적 태도와 수학적 사고, 특히 조합적 사고가 있었다고 할 수 있다.

수학 인재로 나라를 살려야 한다

실록에는 조선의 임금이 국가에 필요한 수학 공부를 장려하는 정책을 펼친 것을 묘사한 기사가 다수 있다. 특히 세종 임금은 조선 초기 국가의 기틀을 잡는 과정에서 수학의 중요성을 스스로 깨우쳐 수학교육 실천 방안을 고민한 것으로 나타난다.

첫째, 세종은 임금 스스로 수학 공부를 했을 뿐만 아니라, 관리들에게 수학 공부를 독려하고 수학 학습법을 연구하도록 하였다.

> 임금: 산학算學은 비록 술수術數라 하겠지만 국가의 긴요한 사무이므로, 역대로 내려오면서 모두 폐하지 않았다. 정자程子·주자朱子도 비록 이를 전심하지 않았다 하더라도 알았을 것이요, 근일에 전품을 고쳐 측량할 때에 만일 이순지李純之, 김담金淡의 무리가 아니었다면 어떻게 쉽게 계량하였겠는가. 지금 산학을 예습하게 하려면 그 방책이 어디에 있는지 의논하여 아뢰라.
> 도승지 이승손: 처음에 입사入仕하여 취재할 때에 가례家禮를 빼고 산술算術로 대신 시험하는 것이 어떻겠습니까.
> 임금: 집현전으로 하여금 역대 산학의 법을 상고하여 아뢰게 하라.
> ―『세종실록』 권102, 세종 25년(1443), 11월 17일

수학을 학문이라기보다 기술로 여긴 당대의 통념이 여기서도 드러나지만, 그러한 실용적 목적에서 수학교육의 중요성에 대한 인식은 잘 드러난다. 수학 공부가 필수이므로 관리들에게

수학 공부법을 찾아내라는 명령이 하달된 것이다. 이에 도승지 이승손은 시험과목에 포함시키자고 제안한다. 시험, 예나 지금이나 역시 효력이 있었을 것이다. 이 구체적인 방안을 마련하는 업무가 집현전 학자들에게로 떨어진 걸 보면 집현전 학자들은 인문학적 소양뿐만 아니라 수리적 소양까지 갖춘 문이과 통합형 인재였던가 보다.

또한 세종 30년(1448) 1월 23일 기사는 승정원에 전달되는 세종의 세심한 명이 기록되는데, 그 내용에는 역학과 산학을 공부하는 생도들의 역경과 산서 읽은 것을 기록하여 공로와 과실의 근거로 삼음으로써 꾸준히 공부할 것을 장려하는 의도가 담겨 있다.

둘째, 수학 공부를 위해 국비유학생을 파견하고 관리의 해외 연수를 실시하였다. 특히 조선의 임금에게 역법은 왕권의 정당화라는 측면에서도 요구되었다. 이와 같은 중요성은 조선 후기 관상감에서 정조 원년(1777)을 기점으로 향후 110년간의 역曆을 계산하여 기록한 역법서인 『천세력千歲曆』 범례의 첫 구절인 "역서를 만들어 절후를 알게 하는 것은 제왕으로서 가장 먼저 해야 할 일이다"에서도 확인된다. 이렇듯 중요한 역법 계산에 수학이 필요하였고, 따라서 임금은 수학 공부를 장려해야 했는데 말로만이 아니라 실질적인 대책을 마련해 주는 배려도 뒤

따랐다.

임금: 역서曆書란 지극히 정세精細한 것이어서 일상생활에 쓰는 일들이 빠짐없이 갖추어 기재되어 있으되, 다만 일식·월식의 경위만은 상세히 알 길이 없다. 그러나 이는 고인古人도 역시 몰랐던 모양이니, 우리나라는 비록 이에 정통하지 못하더라도 무방하긴 하나, 다만 우리나라를 예로부터 문헌의 나라로 일컬어 왔는데, 지난 경자년에 성산군星山君 이직李稷이 역법의 교정을 건의한 지 이미 12년이 되었거니와, 만약 정밀 정확하게 교정하지 못하여 후인들의 기소譏笑를 사게 된다면 하지 않는 것만도 못할 것이니, 마땅히 심력을 다하여 정밀히 교정해야 될 것이다. 우리나라 사람으로서 산수算數에 밝아서 방원법方圓法을 상세하게 아는 자가 드물 것이니, 내가 문자를 해득하고 한음漢音에 통한 자를 택하여 중국으로 보내어 산법을 습득게 하려고 하는데 어떤가.

공조 판서 정초: 성상의 하교가 옳습니다.

임금: 산법算法이란 유독 역법에만 쓰는 것이 아니다. 만약 병력을 동원한다든가 토지를 측량하는 일이 있다

면, 이를 버리고는 달리 구할 방도가 없으니 원민생元閔
生과 김시우金時遇로 하여금 통사通事 중에서 총명이 뛰
어난 자를 선발하여 보고하게 하라.

드디어 사역원 주부司譯院注簿 김한金汗·김자안金自安 등
을 추천하니, 이내 김한 등에게 명하여 산법을 익히게
하였다.

-『세종실록』 권51, 세종 13년(1431) 3월 2일

천문 역법만이 아니라 병력, 토지 측량 등에 필수인 수학에
뛰어난 자가 적으니 우수한 인재를 선발하여 중국 유학을 보내
수학 공부를 시킨다는 의지다. 유학생 후보로 거론된 사람은 김
한과 김자안 등이고, 최종 합격자에는 김한이 포함된다.

세종뿐만이 아니다. 인조 26년(1648) 3월 19일과 9월 20일 기
사에서 일관日官 송인룡宋仁龍을 청나라에 보내어 서양 역법인
시헌력時憲曆의 산법을 배워 오게 하였다는 것 역시 배움의 길을
국외로까지 열어 역법과 산학에 뛰어난 인재를 키우려는 임금
의 의지를 보여 준다.

셋째, 수학책을 간행하여 수학 공부가 필수인 관리들에게
배포하기도 하였다. 산학 취재 세 과목 중 하나인 『양휘산법楊
輝算法』을 복간하여 하사한 것이다. 당시 산원이 되기 위해 치러

야 할 산학 취재 교과목인 5종의 수학책 중 세종은『양휘산법』
을 간행해서 고관들에게 배부하여 수학 공부할 것을 권하였다.
『양휘산법』은 13세기 남송의 양휘가 저술한 3책으로 구성된 수
학 개론서이다.

경상도 관찰사가 국가의 지원으로 한 달 만에『양휘산법』목
판본을 완각하는 쾌거를 올렸고, 그중 100권을 임금에게 진상
하자 세종은 이 책이 가장 필요했을 집현전 학자들과 호조의 산
원들, 천문역법부서인 서운관 관리들에게 분배한 것이다.

> 경상도 감사가 새로 인쇄한 송나라의 양휘산법楊輝算法
> 1백 건을 진상하므로, 집현전과 호조와 서운관의 습산
> 국習算局에 나누어 하사하였다.
>
> -『세종실록』권61, 세종 15년(1433) 8월 25일

세종 15년에 간행된 이 판본이 국내에 1종 남아 있어 그간 가
장 오래된 것으로 여겨져 왔는데, 2008년에 더 오래된 목판본이
공개되었고 2012년 보물 제1755호로 지정되어 보존되고 있다.

산학의 또 다른 이름, 주학

대자연 속에서 살아가는 인디언을 배경으로 한 1990년대의 영화 '늑대와 춤을'에서 영화 제목은 주인공의 이름이다. 대상이 불리기 위한 이름은 그 사회를 반영한 문화적 산물이자 대상에게 존재 의미를 부여하는 개별 특성이다. 아이가 태어나면 의미 있고 불리기 편안한 이름을 지어 준다. 임금에게도 이름이 있고 이를 '휘諱'라한다. 우리가 학창 시절 조선의 임금을 외우

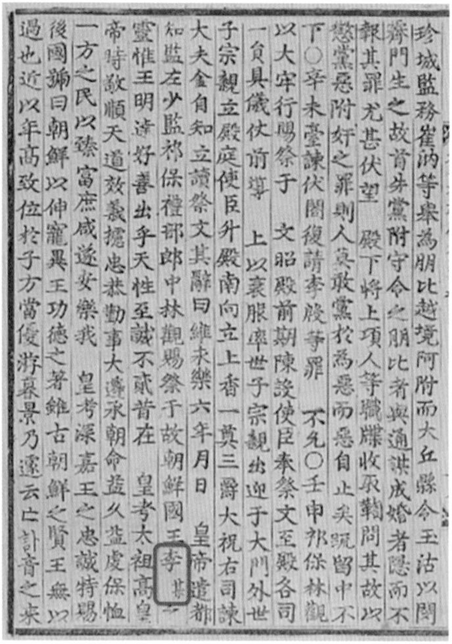
珍城監務崔汭等黨爲朋比越境阿附而大丘縣令王沽以閑
務門生之故首先黨附守令之朋比者與通謀成婚者隱而不
執其罪尤甚伏望 殿下將上項人等職牒收取鞫問其故以
懲黨惡附奸之罪則人莫敢黨於爲惡而惡自止矣疏留中不
下○辛未臺諫伏閤復請李稷等罪 不允○壬申祁保林觀
以大牢行賜祭于 文昭殿前期陳設使臣奉祭文至殿各司
一員具儀仗前導 上以衰服率世子宗親出迎于大門外世
子宗親立殿庭使臣升殿南向立上香一奠三爵大祝右司諫
大夫金自知立讀祭文其辭曰維永樂六年月日 皇帝遣都
知監左少監祁保禮部郎中林觀賜祭于故朝鮮國王李某
靈惟王明達好善出乎天性至誠不貳昔在 皇考太祖高皇
帝時敬順天道效義攄忠恭勤事大遵承朝命益久益虔保恤
一方之民以臻富庶咸遂安樂我 皇考深嘉王之忠誠特賜
後國號曰朝鮮以伸寵異王功德之著雖古朝鮮之賢王無以
過也近以年高致位於子方當優游暮景乃遽云亡訃音之來

그림 52 『태종실록』 권16, 서울대학교 규장각한국학연구원 소장

태종 8년(1408) 9월 27일 기사의 '이 아무개(李某)' 표기

기 위해 불렀던 '태정태세문단세…'에 담긴 이름 태조, 정종, 태종, 세종, 문종, 단종, 세조 등은 임금의 이름인 휘가 아니라 임금이 죽은 다음 생전의 공덕을 칭송하고자 붙인 묘호廟號이다. 따라서 우리가 부르는 임금의 이름은 임금 생전에 불러 본 적 없는, 그 자신은 알지도 못하는 이름인 것이다. 임금 생전에 불린 이름 휘는 높은 사람의 이름이라는 뜻 외에 동사로는 '두려워하다, 피하다'라는 의미를 갖는다. 절대권력자인 임금의 이름을 어찌 감히 함부로 입에 올릴 수 있느냐는 의도에서 실제로 임금의 이름인 휘를 일상에서 사용하지 못하도록 하였고, 이를 피휘避諱 또는 기휘忌諱라 한다.

피휘를 위해 선왕을 이름 없이 지칭하고자 아예 '이모李某', 즉 '이 아무개'라고 표기한 기사가 실록에서 다수 발견된다. 태종 8년(1408) 9월 27일 기사, 세종 2년(1420) 4월 12일 기사, 세종 5년(1423) 4월 3일 기사와 더불어, 성종실록, 중종실록, 선조실록 등에 실린 기사이다.

이렇듯 임금의 이름 자를 사용하지 못한다면 참 불편한 일이다. 더욱이 보통 이름 짓듯이 두 글자라면, 그중 어느 것도 사용해서는 안 되고 그렇다면 사용이 금지된 글자 수는 불어난다. 이 불편함을 다소나마 줄이려는 전략을 꾀한 것은 배려의 차원에서 긍정적인 발상이라 할 만하다. 우선 임금의 이름 자 수를 최소화한다. 즉 보통의 두 글자가 아니라 한 글자로 이름을 짓는다. 실제로 조선 27명의 임금 중 태조 이성계, 정종 이방과, 태종 이방원, 단종 이홍위, 고종 이재황을 뺀 임금의 이름은 모두 '이 ○'의 외자 이름이다. 더욱이 태조는 이단李旦으로, 정종은 이경李曔으로, 고종은 이형 또는 희李㷩로 개명했으니 대부분 임금의 이름은 외자였다고 해도 과언이 아니다.[43] 또는 보통 잘 사용하지 않는 아주 어려운 한자로 이름 짓는다. 이러한 배려에도 불구하고, 불가피하게 사용해야 할 때는 획을 일부 생략하거나 뜻이 전달될만한 다른 글자로 대체하기도 하였다.

이것이 조선에만 있던 얘기는 아니라서 고려 시대 간행물에

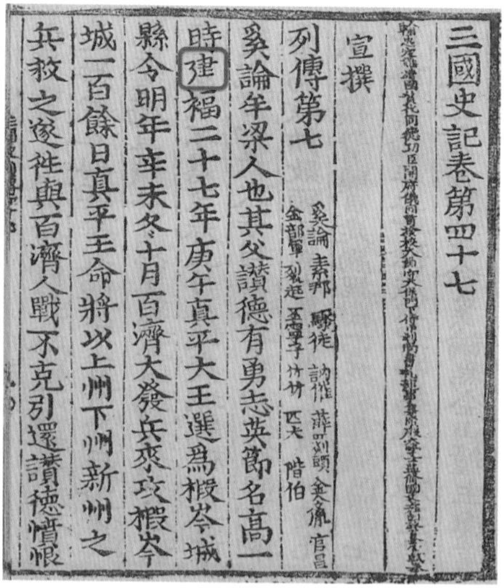

그림 53 『삼국사기』, 한국학중앙
연구원 장서각 제공

피휘를 위해 건(建)의 아래 획을
생략하였다

도 태조 왕건王建의 이름을 피하기 위해 건建의 아래 획은 빼고 쓰거나 '립立'으로 썼다. 건을 립으로 쓴 것은 음이 아닌 뜻을 동일하게 유지하는 방식으로 대체 글자를 택한 것이다.[44] 같은 현상이 천문 분야에서도 확인된다. 앞서 본 포산결처럼 수학적 지식을 암기하기 위해 노래를 만들어 불렀듯이, 조선의 모든 천문학자가 별자리를 암송하기 쉽도록 만든 칠언구결을 담은 책 『보천가步天歌』가 있다. 중국 보천가에는 건성建星이라고 되어 있는 별자리가 조선의 천상열차분야지도와 보천가에는 입성立星으로 적혀 있다.[45]

한편 휘가 임금을 비롯한 높은 사람의 이름을 지칭하므로, 피휘제도 역시 임금의 이름에만 국한된 것은 아니었다. 경북 대구의 이름은 원래 大丘였다. 영조 26년(1750) 12월 2일 기사에는 대구의 구丘 자가 공자의 이름인 공구孔丘와 같아서 피휘하는 상소에 대해 고을 이름은 그러한 경우가 허다하니 상소를 무르는 일이 적혀 있다. 그러나 다음 해인 영조 27년(1751) 2월 21일 기사에는 대구가 大邱로 된 것으로 보아 결국 피휘가 이루어진 것을 알 수 있다. 또한 오늘날 경희궁의 옛 이름은 경덕궁慶德宮이었다. 영조 때 인조의 부친인 원종의 시호가 경덕敬德인 탓에 동음을 피하기 위해 궁의 이름을 바꾸게 된 것이다.

진짜 흥미로운 것은 수학의 이름이다. 원래 조선 시대 수학의 명칭은 산학이다. 그런데 산학 취재의 합격자 명단을 산학 입격안이 아니라 『주학입격안』이라 칭하는 것에서 보듯이 조선 후기에는 산학을 주학이라 부르게 된다. 수학의 명칭이 왜, 언제 바뀌게 되었을까? 그 이유가 바로 피휘 때문이고 그 시기는 정조 때이다. 정조의 이름은 이산李祘이다. '산祘'자의 뜻이 '세다, 수를 세다'이다. 산학의 '산算'자와 형상은 다르지만, 우리말 소리도 같고 뜻도 같다. 따라서 피휘제도에 따라 함부로 사용할 수 없는 글자다. 산算을 '주籌'자로 바꾸어 쓴 것이다. 주籌는 세다, 헤아리다라는 뜻도 있지만, 근본적으로 산대를 지칭하는 글자이다. 이러하니 산학의 특징을 대표하는 계산 도구인 산대를 상징하는 글자로써 수학을 지칭하기에 적격이라고 판단했을 것이다.

6

수학적 사고의
대가들

비판적으로 사고하다

조선의 수학자들은 자신이 처한 상황에서 고유한 수학적 적성에 따라 다양한 방식으로 공부하고 수학책을 저술하기도 하였다. 오늘날까지 남아 있는 산학서의 내용을 통해 조선의 수학적 대가들의 면모를 살펴볼 수 있었고, 그 속에는 수학자가 지닌 독특한 수학적 사고 양식들이 발견되곤 한다. 비판적 사고, 창의적 사고의 사례를 통해 조선 수학의 정신을 추적해 보고자 한다.

주어진 것을 있는 그대로 받아들이지 않고 이론적 근거와 자신의 신념에 기초하여 검토하는 데는 비판적 사고가 요구된다.

홍정하는 산학 취재 공부를 하면서 여러 산학서를 공부했을 것이고, 거기에는 명나라 산학자 정대위程大位가 쓴『산법통종算法統宗』도 포함되었다. 이 책은 회계 관리나 수학에 관심을 가진 식자층에서 널리 읽힌 책으로, 특히 주산을 소개하여 이후 중국에서 산대가 주산으로 대체되는 데 기여한 수학책이다. 백자도百子圖는 그 일부이다. 최석정의『구수략』에서 본 3행 3열의 마방진과 마찬가지로 백자도는 1부터 100까지의 수를 10행 10열로 배열하여 가로, 세로, 대각선의 합이 모두 같도록 배열한 10차 마방진이다.

홍정하는 1부터 100까지의 합인 5,050을 구하여 10행이므로 10으로 나누어 얻은 505가 가로, 세로, 대각선의 합이라고 기록하였다. 그런데 정대위의 백자도는 가로 행, 세로 열 각각의 합은 505로 같은데, 대각선은 그렇지 않다. 계산해 보면 좌상 대각선의 합은 471, 우상 대각선의 합은 539이다. 홍정하가 올바른 백자도를 만든 것은『산법통종』을 본 덕분이다. 그러나 그냥 그러려니 하고 본 것이 아니라 비판적 관점에서 꼼꼼히 보았다는 것이 홍정하만이 가진 장점이었다. 홍정하는 "『통종』을 보면 세로와 가로는 모두 505이나 대각선의 합이 505와 맞지 않고 많거나 모자라서 이것을 지금 바로 잡았다"라고 써 놓았다.『산법통종』의 백자도에서 결점을 발견하고 양 대각선의 합도 505가

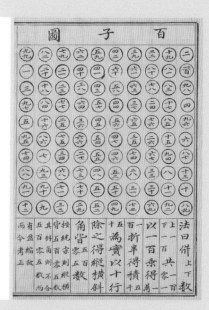

그림 54 백자도, 『산법통종』(좌), 한국학중앙연구원 장서각 소장, 『구일집』(우), 서울대학교 규장각한국학연구원 소장

1	20	21	40	41	60	61	80	81	100
99	82	79	62	59	42	39	22	19	2
3	18	23	38	43	58	63	78	83	98
97	84	77	64	57	44	37	24	17	4
5	16	25	36	45	56	65	76	85	96
95	86	75	66	54	47	35	26	15	6
14	7	34	27	55	46	74	67	94	87
88	93	68	73	48	53	28	33	8	13
12	9	32	29	52	49	72	69	92	89
91	90	71	70	51	50	31	30	11	10

정대위의 백자도

99	82	79	62	59	42	39	22	19	2
1	20	21	40	41	60	61	80	81	100
3	18	23	38	43	58	63	78	83	98
97	84	77	64	57	44	37	24	17	4
5	16	25	36	45	56	65	76	85	96
95	86	75	66	54	47	35	26	15	6
14	7	34	27	55	46	74	67	94	87
88	93	68	73	48	53	28	33	8	13
91	90	71	70	51	50	31	30	11	10
12	9	32	29	52	49	72	69	92	89

홍정하의 백자도

되도록 수정한 것이다. 두 마방진의 차이가 보이는가? 1행과 2행, 9행과 10행을 바꾸는 아주 간단한 방법이었고, 그것을 홍 정하는 직관적으로 파악하였다. 산법의 대가인 정대위도 맞추지 못한 것을 수정하여 완성하였으니 그 지적 희열이 남달랐을 것이다. 『구일집』에서 제4권에 한 번, 제9권 잡록에 또 한 번, 두 번이나 실을 정도로 스스로 자랑스럽게 여겼다.

창의적으로 사고하다

비판적 사고뿐만 아니라 조선 수학자들이 보인 수학적 창의 성의 사례는 다수 발견된다.

첫째, 경선징의 문제 풀이를 보자. 중인 산원 경선징의 『묵 사집산법』이나 홍정하의 『구일집』은 산학 취재에 응시하는 수 험생들의 수험준비서라 할 만하고, 따라서 시험 과목 중 하나인 『산학계몽』의 유사 문제가 다수 다루어진다. 다음은 이 세 가지 책에 모두 등장하는 문제이다.

술을 갖고 봄놀이를 가는데 술의 양은 알지 못한다. 술 집에 들려 1배를 사서 더하고 꽃을 만나 3말 6되를 마신다. 또 남은 술을 갖고 1배를 사고 3말 6되를 마신다. 이렇게 다섯 차례를 했더니 술이 떨어져 술병이 비었다. 원래 가진 술은 얼마인가?

이 문제를 푸는 해법은 영부족술盈不足術이라 하여 중국의 『구장산술』의 제7장 영뉵盈朒에 해당하는 전통적인 계산법이고, 문제 또한 그 방법의 적용을 보여 주는 전형적인 문제이다. 그런데 경선징은 이 문제를 영부족술로 풀지 않고, 오늘날 초등학생도 풀 수 있는 방법인 거꾸로 풀기 전략을 적용하여 풀어 보였다. 하나도 남지 않은 현재 상태인 0에서 출발하여 시간을 거슬러 올라가는 방법이다. 술집에 들르면 2배가 되고(×2) 꽃을 만나면 3말 6되 마시기를(-3말 6되) 다섯 번 하여 0이 되었으므로, 역으로 더하기 3말 6되, 나누기 2를 다섯 번 하여 처음의 양을 구하는 방법이다. 으레 푸는 방법이 명칭까지 정해져 있을 정도로 전형적인 해법이 알려진 문제인데 다른 해법을 찾는다는 생각부터가 쉽지 않은 독창적 사고의 발현을 보여 준다.

둘째, 조태구의 그림을 이용한 문제 풀이를 보자. 다음 문제는 계토산鷄兎算이라 불리는 문제로, 전통 산학에서는 이 풀이법을 차분화합법差分和合法이라 일컫는다. 역시 전통 산학에서 전형적인 문제이고 그 해법이다.

닭과 토끼가 100마리 있다. 다리의 총수는 272개이다.

다만 닭의 다리는 2개이고 토끼의 다리는 4개라고 한다.

닭과 토끼는 각각 몇 마리인가?

오늘날 같으면 이 문제를 읽자마자 닭과 토끼의 마릿수를
각각 x, y로 놓고 이원일차연립방정식을 세워 풀어야겠다는 생
각이 떠오르지만, 당시의 해법은 산술적인 방법이다. 단가가 다
른 대상에 대해 비싼 값을 총수에 곱한 다음 총액을 빼고 두 단
가의 차로 나누는 방법이다. 또는 싼 값을 총수에 곱하여 총액
에서 빼고 두 단가의 차로 나누어도 된다. 계토산 문제에 적용
하면 단가는 4와 2이고 두 방법은 다음과 같은 식으로 나타낼
수 있다.

$$\frac{4 \times 100\text{-}272}{4\text{-}2} \qquad \text{또는} \qquad \frac{272\text{-}2 \times 100}{4\text{-}2}$$

앞의 식은 닭, 토끼의 다리가 모두 4개라고 가정할 때 실제
와의 차이인 *400-272*가 닭의 다리 수를 2가 아닌 4로 간주하여
야기된 것이므로 *4-2*로 나누어 닭의 마릿수를 구한 것이고, 뒤
의 식은 다리가 모두 2개라고 가정한 경우의 풀이이므로 계산

결과는 토끼 마릿수가 된다.

　이 문제를 조태구는 『주서관견』에서 그림을 이용하여 설명한다. 전체 마릿수를 10마리, 전체 다리 수를 28로 단순화하여 그림으로 나타낸 것이다. 토끼 다리 수인 4를 전체 마릿수 10에 곱한 40이 전체 배열의 흑백 직사각형 개수이다. 백의 개수가 전체 다리 수 28이고 40에서 뺀 흑의 수는 12이다. 이것이 토끼와 닭의 다리 수의 차이므로 12를 2로 나눈 6이 닭의 수라고 설명한다. 이렇게 단순화한 그림은 위 차분화합법 공식에 대한 정당화이며, 그림에서 해법의 구조를 파악하면 그 수가 커져도 구하는 것이 어렵지 않을 것이다.

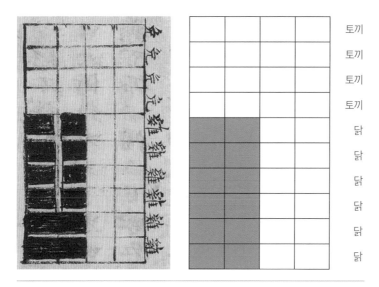

그림 55 『주서관견』에 있는 계토산의 도해, 서울대학교 규장각한국학연구원 소장

셋째, 이상혁의 독창적인 해법을 보자. 이상혁의 수학적 탁월함은 공동연구자 남병길에 의해 이미 입증되었다. 『산술관견』에는 스스로 해법을 생각해낸 문제인 원용삼방호구圓容三方互求가 있다. 원에 합동인 3개의 정사각형이 '品'자로 내접해 있는 상황에서 원의 지름이 주어질 때 정사각형의 한 변의 길이를 구하거나 역으로 정사각형의 한 변의 길이가 주어질 때 원의지름을 구하는 문제이다. 구체적으로 원의 지름이 40자일 때 내접한 3개의 정사각형의 한 변의 길이를 구하는 문제와 정사각형의 한 변이 13자일 때 외접원의 지름을 구하는 문제이다. 이상혁은 이 문제를 제시하면서 다음과 같이 해법의 동기를 밝히고 있다.

어떤 사람이 원에 내접한 세 개의 정사각형이 있을 때, 원의 지름과 정사각형의 변을 서로 구하는 방법이 있는지 물었다. 그러나 예부터 전해지는 것이 없어서 생각해 본 끝에 다음과 같은 두 가지 방법을 알게 되었다.

문제 당 해법이 두 가지인 것이다. 【그림 56】의 2개 그림을 이용하여 두 가지 해법을 제시하고 있다.

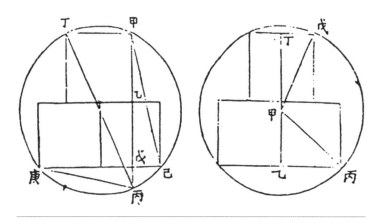

그림 56 『산술관견』의 원용삼방호구圓容三方互求, 국립중앙도서관 소장

이상혁의 창의성은 문제 해법에 국한되지 않는다. 저술한 수학책 『익산』은 기존의 문제-답-풀이 방식의 책 구성 관습을 타파하고 오늘날의 수학 이론서와 맞먹는 면모로서, 정리와 그 예로 이어지는 논문 형식을 떤다는 점에서 그 자체로 독창적이다. 특히 『익산』의 하편 '퇴타술堆垛術'은 오늘날 유한급수론에 해당하는 등차수열의 합과 관련한 다수의 내용을 체계적으로 담고 있다. 그중 분적법分積法은 부분합을 뜻하는 절적截積을 두 도형으로 나누어 구하는 것으로, 중국의 『사원옥감四元玉鑑』이나 그 증보판 어디에도 없는 방법이라고 말하고 있다. 이를테면 【그림 57】과 같은 사다리꼴 모양의 부분합을 도형의 윗부분을 상상하여 큰 삼각형에서 작은 삼각형을 빼는 두 삼각형의 차로

구할 수 있지만, 삼각형과 평행사변형의 두 부분으로 나누어 계산하고, 이를 통일된 구조로 이론화하였다.

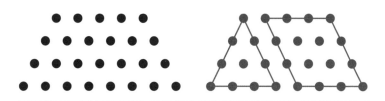

그림 57 『익산』의 분적법

넷째, 홍길주의 제곱근 풀이법 또한 쉽고 독창적인 해법이다. 조선 산학에서 제곱근 풀이는 넓이가 주어진 정사각형의 한 변의 길이를 구하는 문제 상황으로 다루어진다. 『구장산술』의 제4장 소광少廣에서 다루어진 필수 주제로, 넓이를 알 때 한 변의 길이는 결국 넓이의 제곱근을 구하는 것이다. 이를 개방술開方術이라 하였다.

개방술의 기본 원리는 【그림 58】에서 보듯이 제곱근의 가장 큰 자릿수부터 어림하여 그 제곱수를 빼 나가는 것이다. 625의 제곱근을 구한다면 제곱근은 두 자리 수이다. 20의 제곱이 400이고 30의 제곱이 900이므로, 구하는 제곱근의 십의 자리는 2이다. 즉 이십 몇이 구하는 수이다.

정사각형에서 400만큼 뺀 곡척(ㄴ자 모양의 도형)의 넓이 y^2+40y

그림 58 개방술의 원리를 보여 주는 625의 제곱근
구하기

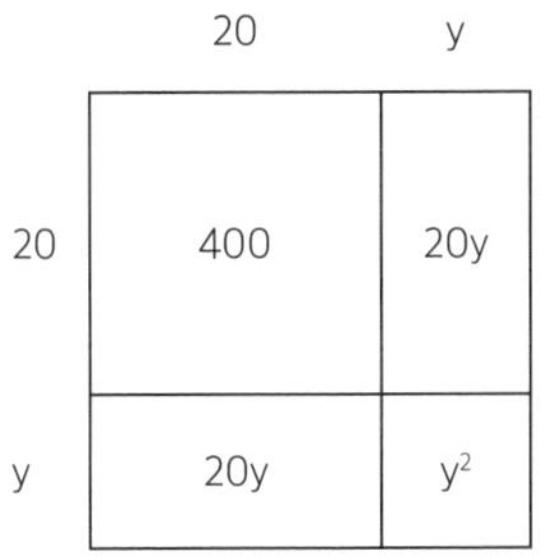

	20	y
20	400	20y
y	20y	y^2

가 *625-400=225*이다. 이제 한 변에서 20을 뺀 나머지인 한 자리 수 *y*를 구하면 된다. 즉 *y²+40y-225=0*이 되어 *y=5*를 구한다. 구하는 제곱근은 25이다.

그런데 홍길주는 어린애도 할 수 있는 쉬운 제곱근 풀이법을 개발하였다. 홍길주가 고안한 방법은 기본적인 사칙계산만 할 줄 알면 구할 수 있는 쉬운 방법이다. 제곱수를 반으로 나누고, 거기서 1, 2, 3, … 을 빼고 더 이상 뺄 수 없을 때까지 뺀 다음 남는 수를 2배 하는 것이다. 홍길주가 책 『숙수념熟遂念』에서 예를 든 제곱수는 441이다. 구하는 방법은 다음과 같다.

먼저 441을 반으로 나누어 220.5를 얻는다. 여기서 1을 빼면 219.5, 2를 빼면 217.5, … 이런 식으로 20까지 빼면 10.5이다. 다음 뺄 수는 21인데 뺄 수가 없고, 10.5를 2배하면 그 21과 같아진다. 21이 구하는 제곱근이다. 1부터 20까지 빼 가는 과정이 좀 지루하기는 하지만 사칙계산만으로 제곱근을 구할 수 있다는 것은 분명 쉬운 방법이다. 게다가 1부터 20까지 빼가는 것도 하나씩 뺄 필요 없이 당시 1부터 n까지의 합은 교초타茭草垛라는 이름으로 잘 알려진 수열의 합 공식이었으니 한두 번의 시행착오로 구해낼 수 있었을 것이 분명하다.

이 방법이 타당하다는 것은 $\frac{n^2}{2} - \frac{n(n-1)}{2} = \frac{n}{2}$으로 설명할 수 있다. 주어진 제곱수 n^2을 2로 나누어 $n-1$까지의 합인 $\frac{n(n-1)}{2}$을 빼면 $\frac{n}{2}$이므로 2배하여 n을 얻는다.

다섯째, 황윤석은 응용력을 발휘하여 새로운 모양의 도형을 만들어 낸다. 『산학입문』에서 기존의 밭 모양으로부터 융통성을 발휘하여 새로운 모양의 문제를 만들어 푼 경우이다. 후와 두를 새로 정하였다는 주해를 단 것으로 보아, 전錢으로부터 후帿를 만들고, 환環으로부터 두斗를 응용하여 만든 것이다. 후

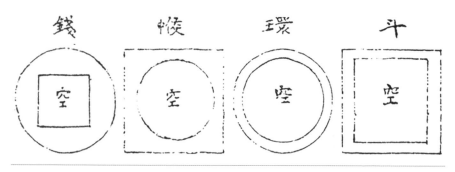

그림 59 『산학입문』의 밭 모양, 국립중앙도서관 소장

전錢, 후帿, 환環, 두斗

190

는『묵사집산법』에서 도형의 이름 없이 정사각형의 밭과 그 안에 있는 원 연못의 상황으로 다루어지기도 하였다. 네 도형 모두 원과 정사각형의 합성 도형이므로 이미 구하는 방법을 알고 있는 두 도형의 넓이의 차로 구할 수 있는 도형들이지만, 기존의 도형으로부터 유추적으로 새로운 것을 창출하는 단면을 보여 준다.

나오는 말: 우리는 왜 전통 수학에 대해 알아야 할까

우리에게는 우리 민족 고유의 역사가 있고 그것은 수학에서도 마찬가지다. 우리 전통 수학의 역사가 있음에도 우리는 그것을 잘 알지 못했다. 우리 선조 수학자들인 경선징, 홍정하, 이상혁에 대해서도 이 책에서 만나기 전까지는 매우 낯선 이름이었다. 조선의 사대부들이 공통적으로 어려워했던 공부 대상인 『주역』에 대해 모른다는 말은 어느 정도 아는 상태에서 할 수 있는 말이라고 했던 홍길주의 의미대로 '모른다'라는 말조차 할 수 없을 정도로 우리는 전통 수학에 대해 아는 바가 없었던 것이 부끄러울 정도다.

세계 각지의 문명권마다 서로 다른 수학을 꽃피웠지만, 인간 사유의 보편성에서 기인하는 유사성과 공통점이 발견되는 것이 놀랍다. 각각에서 독립적으로 발달했을 수도 있고, 왕래를 통해 상호 영향 하에 전개되기도 했을 것이다. 그런데 과거 서로 다른 지역에서 서로 다른 이름으로 수학적 발견이 있었지만, 오늘날 우리가 알고 있는 이름은 대부분 서양 수학에서 정한 바에 따른 것이다.

우리는 직각삼각형의 세 변의 관계를 다룬 정리인 '피타고라스 정리'를 알고 있다. 누구나 학창 시절 배운 수학으로 기억해 낼 만큼 수학에서 가장 유명한 성질 중 하나이다. 이름에 남아 있는 피타고라스보다 훨씬 이전의 고대 문명권인 메소포타미아, 이집트, 인도, 중국의 기록에 여러 가지 형태로 포함되어 있고, 그렇듯 여러 문명에서 발견된다는 것은 각 문명에서 독자적으로 다룰 수 밖에 없었던 성질의 실용성을 대변해 준다. 제단, 건축, 측량 등에서 사용되는 매우 실용적인 성질이다. 이와 같이 피타고라스 정리의 발견이 피타고라스 한 개인의 업적이라고 할 수 없고, 결국 피타고라스 정리에 그의 이름을 붙인 것은 철저히 유럽중심주의Eurocentrism의 산물이라 할 수 있다. 비단 이 성질뿐만 아니라 유럽 이외 지역의 수학사에 대한 대부분의 해석은 평가 절하되거나 왜곡된 형태를 보였다. 유럽중심주의에 대한 비판적 관점을 강조하는 학자들이 있으며, 서양 수학속에 파묻혀 있는 우리 역시 비판적 경각심을 발휘할 필요가 있다. 특히 민속 수학Ethonomathematics의 관점에서는 더욱 그러하다. 피타고라스의 정리에 대한 중국 수학에서의 명칭은 구고술句股術임을 이 책에서 보았다. 직각삼각형을 구고라 불렀기 때문이다. 중국 입장만을 내세워 구고술이라 부르는 것도 새로운 ○○중심주의를 유발할 수 있으니 '직각삼각형의 성질' 정도면

중립적일 것 같다.[46] 이 밖에도 유사한 입장에 있는 다수의 수학적 방법이 있고, 오늘날 많은 수학적 업적이 유럽중심주의 관점에서 조망되는 것은 사실이다.

교과서 수학사 이야기에 자주 소개되는 소수의 발명가도 그렇다. 소수를 발명한 사람이 16세기 스테빈Stevin, S.(1548-1620)이라고 말한다. 과연 사실일까? 스테빈의 책에는 소수점을 찍은 소수 표현은 등장하지도 않는다. 서양에서 십진체계에 따른 수 표현을 확장하여 분모를 10으로 하는 십진 분수의 개념을 정리한 업적 정도의 위상을 부여하는 것으로 충분해 보인다. 우리 역시 스테빈 이전에 산대를 이용하여 십진위치적 기수법을 1보다 작은 수로 확장한 소수를 표현해 왔다. 산학서에서 발견되는 그러한 사실에 대한 역사적 고찰 없이 서양 수학사에서 전해 주는 그대로 소수의 발명가는 스테빈이라고 학생들에게 말해 주는 것이 오늘날의 교육 현실이다. 오늘날 우리의 많은 지식이 근대 이후 서양 중심의 학문적 풍토에서 비롯된 것이라 할 것이다.

역사는 과거와 현재의 대화라고 하였다. 이 대화는 현재에 머무는 것이 아니라 미래로 연결되는 위력이 있다. 수학사를 제대로 파악하는 것은 오늘날, 이어 훗날 수학을 공부하는 태도와 자신감을 형성하는 데 크게 기여한다고 생각한다. 수학교육에서 수학사를 활용하는 이점이 인지적 차원의 것인 동시에 정의적 차원에서 논의되어야 하는 이유이다. 이런 관점에서 본다면 우리 수학의 뿌리를 아는 것은 오늘날 수학을 공부하는 학생들의 수학적 배경에 꼭 자리하고 있어야 할 것이다. 수학적 지식에 붙어 있는 서양식 이름을 아무 생각 없이 부르는 공부 방식이 수학의 연구 주체로서의 '우리'가 아닌 다른 누군가를 설정하는 우를 범하게 할지도 모르기 때문이다.

주석

1 국사편찬위원회, 한국사 데이터베이스, 중국 정사 조선전, 양서, https://db.history. go.kr/item/level.do?itemId=jo&levelId=jo_008r_0010_0040_0030&types=r.

2 한국민족문화대백과사전, 「결승」, https://encykorea.aks.ac.kr/Article/E0002198.

3 김영욱·이장주·장혜원, 『한국 수학문명사』, 들녘, 2022.

4 김영욱·이장주·장혜원, 같은 책.

5 구만옥, 「조선전기의 산학 정책과 교육」, 『인문학연구』 11, 충남대학교 인문과학연구소, 2007.

6 강신원, 「역사 사회 환경과 구장산술의 구조」, 『한국수학사학회지』 19(4), 한국수학사학회, 2006, 1-12.

7 『구장산술』, 번역서 및 학술논문에서 '쇠분'으로 읽기도 하나, 한자 衰의 세 가지 음과 뜻(쇠, 최, 사)에 따라 검토의 여지가 있음.

8 Longobardi, N.(1559-1654): 용화민(龍華民), Terrenz, J.(1576-1630): 등옥함(鄧玉函), Schall, A.(1591-1666): 탕약망(湯若望), Jartroux, P.(1668-1720): 두덕미(杜德美), Rho, J.(1593-1638): 나아곡(羅雅谷).

9 박형우·박윤재, 「한국 최초의 의학 교과서는 그레이 아나토미」, 『프레시안』, 2009. 8. 5., https://www.pressian.com/pages/articles/96261.

10 Chinese Etymology, 「筹」, https://hanziyuan.net/#home.

11 미하일로프 카르네프 외, 『(러시아 장교 조선 여행기) 내가 본 조선, 조선인』, 김정화 외 옮김, 가야넷, 2003.

12 NCTM, Historical Topics for the Mathematical Classroom, year.

13 노형석, 「[단독] 구구단 적힌 1500년전 나무문서 발견」, 『한겨레』, 2016. 1. 18., https://www.hani.co.kr/arti/culture/culture_general/726627.html.

14 한국문화재단, https://www.chf.or.kr/brd/board/741/L/menu/740?brdType=R&bbIdx=106981.

15 김용운·김용국, 『한국수학사』, 열화당, 1982.

16 네이버 지식백과, https://terms.naver.com/entry.naver?docId=6587963&cid=47308& categoryId=47308.

17 정약용, 『신조선사본 여유당전서』, 제1집, 제9권 시문집, 「策問·問律度量衡」, https:// terms.naver.com/entry.naver?docId=5667278&categoryId=62831&cid=62811.

18 산업자원부, 「법정계량단위 사용 협조」, 국가기술표준원, 2006. 3. 27.

19 維基文庫, 『漢書』卷21, https://zh.wikisource.org/wiki/%E6%BC%A2%E6%9B%B8/% E5%8D%B7021.
    https://zh.wikisource.org/wiki/%E6%BC%A2%E6%9B%B8/%E5%8D%B7021

20 국가기술표준원, 「법정단위 FAQ」, https://kats.go.kr/content.do?cmsid=78.

21 「가배법」. 1개의 태극에서 2개의 음양, 2개의 음양에서 4개의 상(사상), 4개의 상에서 8개의 괘(팔괘)로 증가하는 계산법.

22 정약용, 「신조선사본 여유당전서 제1집 제9권 시문집 의(議)」, 度量衡議, 간행처, 연도, https://terms.naver.com/entry.naver?docId=5678978&categoryId=62831&c id=62811.

23 호전(胡銓), 『상고종봉사』에서 유래한 구절, 제주신문, 2018. 2. 21, http://www. jejupress.co.kr/news/articleView.html?idxno=84800.

24 국가기술표준원, 「도량형의 역사」, https://gm.kats.go.kr/data_history.jsp.

25 성종 5년(1474) 11월 18일 기사.

26 국립민속박물관, 『한국의 도량형』, 1997.

27 국가기술표준원, 「계량박물관」, https://gm.kats.go.kr/data_history.jsp.

28 박지원, 『연암집』, 박수밀 옮김, 지식을 만드는 지식, 2009.

29 김추윤, 「지적도에 나타난 남상 방위에 관한 연구」, 『한국지적학회지』 18(1), 한국지 적학회, 2002, 19-33쪽.

30 정약용, 『신조선사본 여유당전서』, 제1집, 제9권 시문집, 「策問·問東西南北」, https:// terms.naver.com/entry.naver?docId=5667325&cid=62811&categoryId=62831.

31 홍성사·홍영희, 「조선의 산학훈도와 산학교수」, 『한국수학사학회지』 19(3), 간행처, 2006.

32 주세걸, 『산학계몽 중』, 허민 옮김, 소명출판, 2009.

33 김영욱·이장주·장혜원, 앞의 책.

34 구만옥, 앞의 논문에서 재인용.

35 박철상, 『서재에 살다』, 문학동네, 2014, 67-68쪽에서 재인용.

36 박지원, 앞의 책.

37 원상(元裳), 남병길의 자. 상길(相吉)은 다른 이름.

38 염정섭, 「조선시대 도량형의 제작과 활용」, 단국대학교 석주선기념박물관, 『도량형 600선』, 단국대학교출판부, 2011, 213-226쪽.

39 명종 7년(1552) 7월 10일 기사.

40 세종 8년(1426) 4월 25일 기사.

41 박지원, 앞의 책.

42 정희성, 「훈민정음의 창제 원리를 위한 과학 이론의 성립」, 『한글』 224, 한글학회, 1994, 193-222쪽.

43 이기환, 「이기환의 흔적의 역사:임금의 이름이 외자인 까닭」, 『경향신문』, 2013. 10. 8., https://www.khan.co.kr/print.html?art_id=201310081114281.

44 송기호, 「피휘, 이름 피하기」, 『대한토목학회지』 58(2), 대한토목학회, 2010, 88-98쪽.

45 안상현, 「천상열차분야지도에 나오는 고려시대 피휘와 천문도의 기원」, 『고궁문화』 4, 국립고궁박물관, 2011, 125-157쪽.

46 장혜원, 「'피타고라스 정리'의 명칭과 활용에 대한 비판적 고찰」, 『한국수학사학회지』 34(6), 한국수학사학회, 2021, 205-223쪽.

참고문헌

강신원, 「歷史 社會 環境과 九章算術의 構造」, 『한국수학사학회지』 19(4), 한국
　　　수학사학회, 2006.

경선징, 『묵사집산법(천, 지, 인)』, 유인영·허민 옮김, 교우사, 2006.

구만옥, 「조선전기의 산학 정책과 교육」, 『인문학연구』 11, 경희대학교 인문학
　　　연구원, 2007,

국립민속박물관, 『한국의 도량형』, 국립민속박물관, 1997.

권익기, 「이름의 금기문자(禁忌文字) 고찰: 피휘(避諱)와 불용문자(不用文字)를 중심
　　　으로」, 『한국학연구』 75, 한국학연구소, 2020.

김영욱 외, 『한국수학문명사』, 들녘, 2022.

김용운·김용국, 『한국수학사』, 열화당, 1977.

김추윤, 「地籍圖에 나타난 南上方位에 관한 硏究」, 『한국지적학회지』 18(1), 한
　　　국지적학회, 2002,

남병길, 『양도의도설』, 여강출판사, 2001.

_____, 『유씨구고술요도해』 유인영·허민 옮김, 교우사, 2006.

_____, 『측량도해』, 유인영·허민 옮김, 교우사, 2006.

남병철, 『해경세초해』, 여강출판사, 2006.

단국대학교 석주선기념박물관, 『도량형 600선』, 단국대학교출판부, 2011.

박지원, 『연암집』, 박수밀 옮김, 지식을 만드는 지식, 2009

박철상, 『서재에 살다』, 문학동네, 2014.

송기호, 「피휘, 이름 피하기」, 『대한토목학회지』 58(2), 대한토목학회, 2010.

안상현, 「천상열차분야지도에 나오는 고려시대 피휘와 천문도의 기원」, 『고궁
　　　문화』 4, 국립고궁박물관, 2011.

이상혁, 『차근방몽구』, 호문룡·이재실, 허민 옮김, 교우사, 2006a.

_____, 『산술관견』, 김상미·허민 옮김, 교우사, 2006b.

_____,『익산(상, 하)』, 홍성사 옮김, 교우사, 2006c.

이재연구소 엮음,『이재 황윤석의 학문과 사상』, 경인문화사, 2009.

장혜원.『청소년을 위한 동양수학사』, 두리미디어, 2006a.

_____,『산학서로 보는 조선 수학』, 경문사, 2006b.

_____,『수학박물관』, 성안당, 2010.

_____,「'피타고라스 정리'의 명칭과 활용에 대한 비판적 고찰」,『한국수학사학회지』 34(6), 한국수학사학회, 2021.

정희성,「훈민정음의 창제 원리를 위한 과학 이론의 성립」,『한글』 224, 한글학회 1994, 193-222.

조태구,『주서관견』, 여강출판사. 2006.

주세걸,『산학계몽 (중)』, 허민 옮김, 소명출판, 2009.

『주학입격안』, 여강출판사, 2006.

최석정,『구수략(건, 곤)』, 정해남·허민 옮김, 교우사, 2006.

카르네프 외,『내가 본 조선, 조선인: 러시아 장교 조선 여행기』, A. 이르계바예브·김정화 옮김, 가야넷, 2003.

홍대용,『주해수용, 담헌서 외집(4, 5, 6권)』, 김동기 옮김, 민족문화추진회, 1974.

홍성사·홍영희,「조선의 산학훈도와 산학교수」,『한국수학사학회지』 19(3), 한국수학사학회, 2006,

홍정하,『구일집(천, 지, 인)』, 강신원·장혜원 옮김, 교우사, 2006

황윤석,『산학입문. 이수신편 (21, 22권)』. 강신원·장혜원 옮김. 교우사

황윤석.『산학본원. 이수신편 (23권)』. 강신원·장혜원 옮김. 교우사

Baumgart, John K., Historical topics for the mathematical classroom. Reston, VA: National Council of Teachers of Mathematics, 1989.

국사편찬위원회, 한국사데이터베이스, https://db.history.go.kr/.

_____, 조선왕조실록, https://sillok.history.go.kr/main/main.do.

박형우·박윤재.「한국 최초의 의학 교과서는 그레이아나토미」,『프레시안』 2009. 8. 5. https://www.pressian.com/pages/articles/96261.

한국학중앙연구회, 한국민족문화대백과사전, https://encykorea.aks.ac.kr/.